공무원 엄마의
9급 공무원 합격
비법 노트

**공무원 엄마의
9급 공무원 합격 비법 노트**

초 판 1쇄 2022년 04월 15일

지은이 차차(김소연)
펴낸이 류종렬

펴낸곳 미다스북스
총괄실장 명상완
책임편집 이다경
책임진행 김가영, 신은서, 임종익, 박유진

등록 2001년 3월 21일 제2001-000040호
주소 서울시 마포구 양화로 133 서교타워 711호
전화 02) 322-7802~3
팩스 02) 6007-1845
블로그 http://blog.naver.com/midasbooks
전자주소 midasbooks@hanmail.net
페이스북 https://www.facebook.com/midasbooks425

© 김소연, 미다스북스 2022, *Printed in Korea*.

ISBN 979-11-6910-014-4 03190

값 15,000원

엄마 공시생들을 위한 공무원 엄마의 합격 시크릿

공무원 엄마의
9급 공무원 합격
비법 노트

차차(김소연) 지음

미다스북스

오늘보다 나은 내일을 꿈꾸는 맘시생들을 응원합니다

"어떻게 하면 공무원이 될 수 있을까요?"

한 엄마로부터 위와 같은 질문을 받았습니다. 이분의 경우 결혼 전, 아니 정확히 말하자면 출산 전까지 다니던 직장이 있었습니다. 꽤 오랫동안 근무했고, 원하는 직급에도 비교적 빨리 올라갔다고 했었죠. 힘들 때도 많았지만 그 일이 좋아서 시작했고, 근무환경도 나쁘지 않았다고 했어요. 그럼에도 불구하고 이분은 고민하고 있었습니다.

첫 번째 이유는 당장 일을 할 수 있는 환경이 아니었기 때문이었고, 둘째로는 지금까지의 공백 기간을 무시할 수 없다는 것이었습니다. 이 비어버린 기간의 무게가 생각보다 크게 느껴졌고, 다시 일을 시작하려고 마음먹었을 때 걸림돌로 작용했다고 해요. 이런저런 얘기를 하며 몇 차례 만난 후 서로의 직업을 알게 되자 위와 같이 물으셨어요. 공무원이 되려면 어떻게 해야 하는지를요. 그런데 막상 답변을 하려니 어디서부터 말을 꺼내야 할지 난감했습니다.

그간 어떻게 합격할 수 있는지를 묻는 질문은 많이 받아봤지만, 다음과 같은 종류의 질문이었습니다. 행정법은 어떻게 준비했는지, 어느 강사의 강의를 들었고, 시험에 다가올수록 무슨 책을 봤었는지, 체력관리는 어떻게 했는지 등에 관한 것이었습니다. 묻는 이는 당연히 시험을 준비하고 있는 상황이었고, 합격에 대한 방법이나 비법을 묻는 구체적인 질문이었죠.

그런데 위에서 제가 받은 질문은 포괄적이었고, 막연했어요. 그날 저는 이렇다 할 뚜렷한 방향 없이 생각나는 대로 몇몇 답을 했던 것 같아요. 집에 돌아와 생각해보니 해줄 말이 조금 더 생각나고, 이렇게 말하는 게 더 나았지 않았나 하는 아쉬운 생각도 들더군요.

이 책은 이렇게 공무원 공부를 시작하기로 마음먹었지만 어디서부터, 어떻게 해야 할지 감이 오지 않는 엄마들이 수월하게 시작하도록, 혹은 이미 마음은 먹었지만 공부하는 과정에서 어려움을 느끼는 엄마들을 위해 쓰기 시작했습니다.

'맘시생'이라고 들어보셨나요? 이 단어가 신조어 사전에 등장했다고 합니다. 엄마를 뜻하는 'Mom'과 공시생(공무원 시험 준비생)의 합성어로 공무원 시험을 준비하는 엄마 수험생을 뜻한다고 하는데요. 주로 육아, 살림과 공부를 병행하는 주부를 말한다고 합니다.

다수의 공무원 커뮤니티에서 심심치 않게 엄마들의 이야기를 많이 볼 수 있습니다. 주로 같은 엄마들끼리 스터디를 하거나, 대화방을 만들어 필요한 정보를 공유합니다. 또한 육아, 살림과 병행하며 겪는 많은 어려움이나 고민들을 털어놓으며 서로를 위로하기도 하죠.

엄마들이 쉽지 않은 길임에도 불구하고 이렇게 공무원 시험에 도전하려는 이유는 무엇일까요? 앞서 언급했듯 임신, 출산으로 인해 경력이 단절된 것이 가장 큰 이유일 거라 짐작합니다. 주변을 보면 아기가 어려 일할 시기를 정하지 못해 쉬고 있는 경우도 있지만, 다시 일하고 싶은데도 불구하고 현실적으로 많은 제약이 있어 커리어를 이어가지 못하는 경우도 있었습니다. 이때 공무원 시험은 사기업처럼 학벌이나 경력을 요구하지 않고, 공정한 기회를 제공하기에 다시 일하고 싶은 엄마들에게 좋은 기회입니다.

사실 제가 엄마가 된 상태에서 공무원 시험을 준비한 것은 아니어서 이 책을 쓰기까지 많은 고민을 했습니다. 공부하는 기간은 결혼 전이었기에 과연 얼마나 엄마 공시생의 마음을 헤아릴 수 있을까 하는 우려 때문이었습니다. 그래서 글을 쓰면서 왜 이 책을 내려고 결심했는지에 대해 깊이 고민해보고, 생각을 정리했습니다.

그 결과 다음과 같은 결론을 내렸는데요. 우선 첫 번째 응시한 공무원 시험에서 왜 불합격했는지에 대해 고민해보고 비효율적이었던 방법들은 뺀 후, 전략적으로 접근하여 이듬해 국가직, 지방직, 서울시 동시 합격이라는 쾌거를 이루었습니다. 시행착오를 거치고 나서 알게 된 이 전략들을 적용한다면 만약 다른 수험 공부(자격증 등)를 했을 때 합격할 수 있겠다 하는 자신이 있었습니다. 이러한 내용을 공무원 시험을 준비하는 엄마들에게 전달한다면 조금이나마 유의미한 도움이 되지 않을까 하는 생각에까지 이르게 되었습니다.

둘째로 맘시생이기 전에 엄마들도 수험생이고, 합격을 위한 공부를 해야 하는 것은 똑같습니다. 엄마들이 어떻게 하면 부족한 시간을 효율적으로 쓸까, 어떤 전략이 제일 잘 통할까, 어떻게 하면 빠르게 합격할까 하고 고민한 흔적을 공유하고 싶었습니다.

제가 공부한 시점과 엄마가 되어 육아와 살림을 병행한 시점은 비록 다르지만, 두 가지를 모두 경험해보았기에 각각의 어려운 점을 알고, 조금 더 최적화된 방법을 제안할 수 있지 않을까 하는 생각을 했습니다.

마지막으로 공무원이라는 직업에 관심은 있으나 어떻게 시작하면 좋을지 잘 모르는 엄마들을 위해 방향성을 제시해주는 책이 있었으면 하는 마음에서 시작했습니다. 공시생(공무원 시험 준비생)을 위한 책은 많았지만, 그중에서 엄마 공시생의 고민을 담고, 같이 해결책을 찾아가는 과정을 담은 책은 아직 못 보았습니다.

후에 이 책을 통해 합격하신 후 제가 경험한 것보다 더 생생한 경험과 지혜를 바탕으로 책을 내시는 엄마 합격생이 분명히 있으실 거라 생각하며, 저는 지금 제 자리에서 제가 할 수 있는 일을 하려 합니다.

저는 2015년도에 공무원 공부를 시작하여 2016년도에 국가직, 지방직, 그리고 서울시 9급 시험에 합격했습니다. 서울시 시험의 경우 필기합격 후, 지방직 발령을 먼저 받게 되어 일을 하다 교육행정공무원으로 마음을 굳혀 면접에는 불참하였습니다.

그런데 그전에 다른 시험을 준비한 것까지 합하면 대략 4년을 공부한 수험생이었습니다. 돌이켜보면 '내가 지금 알았던 노하우들을 조금 더 일

찍 적용했더라면 시간을 단축하고 돈을 좀 더 아낄 수 있지 않았을까?'
하는 아쉬움이 듭니다. 그래서 지금 시작하는 엄마들에게 제가 알고 있
는 노하우를 압축하여 전달하고 싶습니다. 그 밖에도 관심은 있으나 용
기가 없어 머뭇거리는, 혹은 의지는 있지만 구체적인 방법을 몰라 방황
하고 있는 엄마들에게 정보와 용기를 함께 주고 싶습니다.

제가 고민했던 흔적과 발자취가 담긴 공부 방법 및 합격 전략을 읽어
보신다면 공무원 시험의 흐름이 잡힐 것이고, 시기별, 과목별로 어떻게
준비하면 좋은지 감이 생기실 것이라 확신합니다.

본문에서는 어떤 마음가짐으로 시험공부에 임해야 하는지 그 마인드
세팅 방법을 살펴보고, 제가 공부하면서 효과를 본 합격 비법 및 전략을
소개한 후 멘탈 관리 비법에 대해 말씀드리겠습니다. 그리고 마지막으로
면접시험에서 유용하게 쓰일 팁들을 전하려 합니다.

공부를 시작하기 마음먹은 순간부터 시험을 보는 순간까지 선택의 과
정은 계속 이어집니다. '강의는 어떤 것을 봐야 할까?', '지금 이 시기에는
어떤 공부를 해야 할까?', '어떤 전략으로 공부를 해야 할까?', '이 문제를
풀 때는 어떻게 접근해야 할까?' 등등 시험시간의 끝을 알리는 종이 울릴
때까지 수많은 고민이 이어집니다. 그 고민을 함께 하는 동반자가 되어
최대한 도움을 드릴 수 있도록 하겠습니다.

『톰 소여의 모험』을 쓴 미국 소설가 마크 트웨인은 이런 말을 했다고 합니다.

"앞으로 20년 뒤, 당신은 저지른 일보다 저지르지 않았던 일로 인해 더 많이 실망하게 될 것이다. 그러니 밧줄을 던져버리고 안전한 항구를 떠나 항해하라. 당신의 돛에 무역풍을 가득 담고 탐험하고 꿈꾸며 발견하라."

고민만 하기에는 엄마들의 시간이 너무 아깝습니다. 나이가 많다고 하는 기준도 없죠. 단 10년이라도, 20년이라도 공직생활을 경험할 기회는 얼마든지 열려 있다고 생각합니다. 나중에 나이가 더 들어 그때 그 길을 택하지 않은 것이 후회된다는 말을 하지 않도록, 평소에 할까 말까 망설이기만 했다면 지금 시작하세요.

공무원이 경력단절을 탈출하기 위한 유일한 돌파구는 아닙니다. 하지만 하나의 길이자 꿈을 향한 발걸음의 시작은 될 수 있다고 생각합니다.

지금이라도 늦지 않았다고, 망설이는 엄마들에게 손을 내밀고 싶습니다. 간절한 마음은 결국 통한다고 믿어요. 거기에 저도 보탬이 된다면 그보다 기쁜 일은 없을 것 같습니다. 오늘보다 더 나은 내일을 꿈꾸며 성장하려는 엄마들의 삶을 누구보다 응원합니다.

<9급 공무원 시험 파헤치기>

	내용
시험과목	필수과목(국어, 영어, 한국사), 전문과목(행정법총론, 행정학개론) ※ 일반행정 기준
시험시간	각 과목당 20분, 총 100분(10:00~11:40)
시험일정	국가직) 필기시험 : 4월 2일, 면접시험: 6월 11일~17일 지방직) 필기시험 : 6월 18일(전국 동일), 면접시험: 7월 말~8월 중(지자체별 로 일정이 다름.) ※ 2022년 기준, 해마다 날짜는 변동하지만 시험을 실시하는 월은 대략 비슷함.
시험방법	제 1·2차 시험(병합실시) : 선택형 필기(과목당 20문제, 4지 선다형) 제 3차 시험 : 면접
응시자격	18세 이상, 응시 결격사유가 있어서는 안 됨. ※ 지방직의 경우에는 거주지 제한이 있음.(해당 시험 연도 1.1.부터 최종시험 일까지 해당 시도에 주민등록상 주소를 가지고 있거나, 그전에 주민등록상 주소를 두고 있었던 기간을 모두 합산하여 3년 이상이어야 함.)
특이사항	직렬별 전문과목이 필수화됨에 따라 선택과목 및 조정(표준) 점수 폐지(2022 년부터) : 고교 과목(사회, 과학, 수학)이 있었으나 폐지됨. 이전까지는 선택과 목이 조정(표준) 점수로 표기되어 과목 별로 난이도에 따라서 점수가 달라졌 지만, 앞으로는 조정점수로 표기되지 않고 원점수로 표기되어 모든 과목의 비중이 동등화됨.
기타사항	세부적인 내용은 직렬별, 시험별로, 지방직의 경우 지방자치단체별로 다르므 로, 자세한 사항은 아래 사이트를 참고하시면 좋습니다. 국가직 시험 : 사이버 국가고시센터 www.gosi.kr 서울시 시험 : 서울시인터넷원서접수센터 gosi.seoul.go.kr 지방직 시험 : 각 지방자치단체 홈페이지(일반행정), 교육청 홈페이지(교육행정)

목차

1장

시험 준비의 첫걸음,

마인드 세팅

1

왜 마인드 세팅부터 해야 할까?

사람은 스스로 믿는 대로 된다. 만약 어떤 것도 할 수 없다고 믿으면,
그 믿음은 아무것도 할 수 없도록 만든다. 그러나 내가 할 수 있다고 믿으면
어떤 일이든 할 수 있는 능력을 얻게 된다.

- 마하트마 간디 -

공무원 시험을 준비하는 수험생 중 상당수가 공부를 시작하기까지 많은 고민을 한다. 시간, 돈, 그리고 에너지를 많이 필요로 하기 때문이다. 더구나 나이가 많거나, 돌봐야 할 가족이 있다면 더더욱 고민하는 시간은 길어진다.

알고 지내는 엄마 A씨의 경우 공무원 시험을 준비하기 전에 무역회사를 10년 동안 다녔었다. 하지만 아기를 키우면서 자연스럽게 경력은 단

절되고, 몇 년이 흐른 후에는 공백 기간이 길어졌기에 그 경력을 내세워 갈 수 있는 회사가 없었다. 아이가 초등학교에 갈 무렵 아이로부터 이런 질문을 받았다고 한다.

"○○이 엄마는 선생님이고 ○○ 엄마는 간호사인데 엄마는 왜 아무것도 아니야?"

그때 A씨는 적지 않은 충격을 받았고, 더 멋진 엄마가 되고자 공무원 시험을 준비했다.

엄마 B씨는 과거에 공무원 시험 준비를 한 적이 있다. 임신을 하면서 다니고 있던 직장을 자연스럽게 그만두게 되자 남편의 권유로 반강제적으로 공무원 공부를 시작했다. 하지만 몇 개월이 지나도 도통 흥미를 느끼지 못했고, 의욕도 사라지자 수강 기간이 남은 동영상과 교재는 지인에게 양도했다. 아기를 낳고 시간이 지난 지금 B씨는 공무원 시험에 대해 전반적으로 알고 있지만 다시 도전하고 싶지 않다고 한다.

위의 엄마 A, B씨 모두 공무원이 되었을 때의 이점은 알고 있다. 그러나 A씨의 경우에는 시험을 준비하는 이유를 자신에게서 찾았다. 현실이

다시 일하기에 녹록지 않는다는 것을 깨닫기도 했지만, 아이를 염두에 두고 더 당당하고 멋진 엄마가 되고 싶은 마음이 강한 동기로 작용했다.

반면 B씨의 경우 공부를 시작하게 된 것은 다름 아닌 남편 때문이었다. 남편의 이야기를 들어보고 나쁘지 않다고 판단하여 시작했지만, 현실적으로 공부하는 데 중간중간 많은 어려움이 있었다. 힘이 들기도 했지만, 왜 자신이 공무원이 되어야 하는지 이유를 찾지 못하고 그만두었다.

단편적인 일화지만, 이를 통해 알 수 있는 것은 결국 공부하는 이유를 자신에게서 찾지 못한다면 수험생활을 유지하기는 어렵다는 것이다. 수험생활은 누가 대신해주는 게 아닌, 스스로 묵묵히 걸어가야 하는 과정이기 때문이다.

이쯤에서 마인드 세팅이 왜 필요한지에 대해서도 넘겨짚고 갈 필요가 있다. 마인드셋(Mindset)이란 마음가짐, 무언가를 대하는 자세라고 말할 수 있다. 그렇다면 투자를 포함해 다양한 분야에서 왜 이것을 강조할까?

저명한 심리학자 캐럴 드웩의 『마인드셋: 원하는 것을 이루는 태도의 힘』에서는 이러한 마인드셋을 두 가지로 분류하여 필요성을 설명한다.

고정 마인드셋(fixed mindset)과 성장 마인드셋(growth mindset)이 그 것이다.

전자는 인간의 자질이 불변한다는 믿음을 가지고 있어 계속해서 그것을 증명해 보이기 위해 노력하고 모든 상황을 평가의 대상으로 삼는다. 반면 후자의 경우 중요한 자질들은 개발이 가능하며, 결과와 상관없이 자신을 새로운 경험에 내던지고 버티려는 열정을 가지고 있다고 했다.

주목할 점은 바로 이것이다. 성장 마인드셋을 지니며 자질은 얼마든지 계발할 수 있다는 생각이 우리를 완전히 다른 길로 인도하게 된다. 즉, 지금까지 어떤 삶을 살아왔든 원하는 목표가 생겼을 때 자신의 능력에 좀 더 자신감을 가지고 불가능해 보이는 것을 시도한다면 많은 행동과 결과를 바꿀 수 있다는 것이다.

나는 이러한 마음가짐이야말로 새로운 것을 도전하려는 엄마들에게 가장 필요한 자세라고 생각한다. 시작하는 단계에서는 누구나 불확실하다. 불확실하지만 성장 가능성이 있다고 믿고 실행할 때 한 발 나아갈 수 있다. 설사 실패의 순간이 오더라도 그 의미를 다르게 받아들일 수 있게 된다. 그 경험을 통해 무언가를 배울 수 있고, 다시 도전할 수 있는 힘을 실어주기 때문이다.

이처럼 자신이 왜 합격해야 하는지 이유를 분명히 하고 자발적 의지로 시작할 때, 그리고 성장할 수 있다는 신념을 가질 때 잠재력이 발휘되어 최고의 성과를 얻게 될 것이다.

2

꿈과 절실함을 원동력으로 삼아라

역경을 이겨내고
핀 꽃이야말로
가장 진귀하고 아름답다.

- 영화 〈뮬란〉 중에서 -

"이번 역은 노량진, 노량진역입니다. 내리실 문은 왼쪽입니다."

며칠 전 용산행 열차를 타다 정차한 노량진역에서 나는 옛날 필름 영화를 본 듯한 느낌을 받았다. 컬러와 흑백이 뒤섞인 장면은 내가 노량진에서 겪었던 모든 순간들이었다. 울고 웃었던 기억들이 노량진 수산시장의 비린내와 살포시 섞여 파노라마처럼 지나갔다. 용산행 열차와 동인천 급행열차를 수도 없이 번갈아 타며 나는 무슨 생각을 했고, 무슨 결심을 했었을까?

나는 노량진이 지긋지긋했다. 노량진에서의 나는 항상 뭐 하나 이룬 것 없는 한없이 초라한 존재였다. 주위 사람들이 하나둘씩 원하는 직업을 가지고 노량진을 떠나자 이 세상에 홀로 남겨진 것마냥 외로웠다.

고시원은 오로지 공부만을 하기에는 좋은 환경이었으나, 말로 설명하기 힘든 외로움과 서글픔이 항상 함께했다. 공무원 시험에 도전하기로 마음먹은 후 준비한 첫 번째 시험에서 떨어지고 나는 방황했다. 그러던 찰나 고시원에 오기 전 모아두었던 돈이 점점 바닥을 보이자 나에게 선택권은 많지 않았다. 아니, 없었다. 집으로 돌아갈 수밖에 없었던 것이다.

짐을 싸며 내가 왜 공무원이 되려고 했는지를 다시 한번 떠올려보았다. 1년 동안 기간제 교사로 일하며 잠깐이지만 느꼈던 비정규직의 설움도 한몫했었다. 젊었을 때야 많이 부딪혀보고 이런저런 경험을 한다지만 계속 나이가 든다면 일정하지 않은 일자리로 인해 미래가 불안정하지 않을까 하는 두려움이 엄습했다.

지금 공부하는 것도 고통스러운 과정이지만, 이 과정의 매듭을 짓지 않으면 이 고통이 영영 끝나지 않을 것 같았다. 짐 싸는 것을 도와주시러 오신 부모님을 마주 보니 더 강한 결심을 하게 되었다. 적어도 내가 부모님의 골칫덩어리 중 한 가지가 되고 싶지 않았다.

그 순간 다시 공부하고자 하는 의욕이 샘솟았고, 타다만 장작 같았던 나의 열정이 다시 활기를 띠기 시작했다. 그리고 다시는 노량진이라는 곳에 발조차 들이지 않겠다는 각오로 재시험을 준비했다.

지금 이 글을 읽는 독자분들도 꿈에 한층 가까워지기 위해 이 자리에 왔을 것이라 생각한다. 나이 들어 꿈을 이룬다는 것이 어찌 보면 거창해 보이기도 하고 뜬구름 잡는 이야기처럼 느껴질 수도 있겠지만, 어떤 일을 하고 싶고, 무언가를 이루고 싶은 마음이 드는 것은 지극히 자연스러운 것으로 누구나 존중받아야 마땅하다.

또한 절실함이야말로 집중력을 최대한으로 끌어올릴 것이고, 앞으로 공부하며 중간중간 겪게 되는 많은 힘듦, 좌절, 두려움, 낯섦, 슬럼프 등등이 함께하는 부정적인 상황에서 내가 왜 이 자리에 있는지 나는 어떤 길을 가고 있는지에 대한 답을 줄 것이다.

론다 번의 『시크릿』에서는 긍정적 사고, 감사하는 마음, 기분 좋은 상상, 이미 이루어졌다는 믿음과 함께 '간절한 생각'을 강조한다. 원하는 것을 얻고 싶다면 누구보다 절실한 마음으로 임해야 할 것이다.

이렇듯 본격적으로 시작하기에 앞서 마인드 세팅은 다른 어떤 것보다 중요하다. 마음가짐을 어떻게 하느냐에 따라 공부하는 기간이 길어질 수도 짧아질 수도 있으며 공부하는 과정에서 느끼는 어려움의 정도가 달라지기 때문이다.

누구에게나 살면서 운은 찾아온다. 중요한 것은 운이 찾아왔을 때 준비되어 있어야 그 운을 타고 원하는 바를 쟁취할 수 있다는 것이다. 절실한 이유를 가지고 간절한 마음으로 공부한다면 자연스레 꿈은 이루어질 것이라 믿는다.

3

무슨 공무원이 될 것인가? 주력하는 시험을 정하라

목표는
당신의 정력을 행동으로
돌리는 데 도움을 준다.

- 레스 브라운 -

같은 9급 공무원이더라도 직렬에 따라 무슨 일을 하게 될지, 어디서 근무하게 될지 천차만별이다. 생각해둔 직렬이 있다면 고민하는 데 오랜 시간이 걸리지 않겠지만, 그렇지 않다면 퇴직 전까지 긴 시간 근무하게 될 곳이므로 무슨 직렬이 있는지, 합격하게 된다면 어떤 일을 하게 되는지 우선적으로 알아봐야 한다.

이번 장에서는 무슨 일을 하는 공무원이 되고 싶은가에 대해 생각해보고, 주력으로 삼는 시험을 무엇으로 할 것인지 고민해보자.

국가직 공무원 or 지방직 공무원?

"뽑아만 주신다면 어디든 가겠습니다."

처음 나의 마음가짐은 이거였다. 얼른 무직에서 벗어나고 싶었기 때문이다. 그래서 내가 응시할 수 있는 시험 모두를 응시했었다.

나는 국가직의 경우 초시 때는 교육행정 직렬을 선택하였는데, 합격선이 다른 직렬보다 월등히 높았다. 재시 때는 높은 경쟁률을 보고 도저히 엄두가 나지 않았다. 또한 교육학개론으로 시험을 준비한다면 다른 직렬의 시험을 준비할 수 없었기에 서둘러 선택과목도 바꾸게 되었다. 그리하여 교육학개론 대신 행정법총론을 공부했고, 고용노동부에 지원했다.

물론 이는 어디까지나 과목 개편이 되기 전 상황이고, 2022년부터 전문과목 도입으로 인해서 여러 직렬을 병행하여 준비할 수 없다. 즉 처음부터 준비할 수 있는 시험의 범위가 좁혀지게 된 것이다. 예를 들어 국가직에서 교육행정 직렬로 시험을 보기 위해서는 교육학개론을, 고용노동은 노동학개론을, 선거행정은 공직선거법을 필수로 선택해야 한다.

하지만 이렇게 선택할 경우 지방직 시험 대비 행정학개론을 따로 준비해야 하므로 불리하게 된다. 즉, 지방직 시험을 동시에 준비하기 위해서는 선택과목은 '행정법총론, 행정학개론'으로 택해야 한다. 공무원 시험이라는 큰 틀 안에서 제도는 계속 바뀐다. 이렇게 없어진 선택과목이 언제 다시 부활할지도 모르는 노릇이다. 바뀌는 제도에 민감하게 반응하고, 전략적으로 움직인다면 제도의 변화 속에서 우월한 위치를 점할 수 있다.

국가직 공무원의 경우 전국 단위로 지원할 것인지, 지역단위로 지원할 것인지를 선택해야 한다. 일반행정(전국)으로 지원하여 합격했을 경우, 희망하는 부처에 배치되지만 일정 기간 후에는 연고지가 아닌 다른 지역으로 발령받아 순환근무를 할 가능성이 크다. 반면 일반행정(지역 구분) 합격자는 원하는 지역에서 근무할 수 있겠지만, 해당 지역에 있는 정부부처 및 산하기관으로 발령받기에 발령지가 원하지 않는 곳일 수도 있다.

물론 소속기관 및 시험별 특징도 짚고 넘어가야 한다.
국가직 공무원은 행정안전부, 보건복지부, 검찰청 등의 중앙 행정 부처에서 근무하고, 지방직 공무원은 지역 청사, 주민센터 등과 같은 지방자치단체에서 근무한다. 서울시 공무원은 서울특별시 소속으로 지방직 공무원이다.

국가직은 다른 시험에 비해서 수능형에 더 가깝다. 다시 말하자면 암기를 요하는 단순 단답식 문제보다는 논리력, 사고력을 요하는 문제가 더 많이 출제된다.

그에 비해 서울시 시험이 가장 단답형이다. 이는 시험지 분량으로 알 수 있는데 가장 문제지 분량이 짧다. 보통 두 페이지에 한 과목의 문제를 모두 싣다 보니 독해형 문제보다 단순 암기형 문제가 많다. 마지막으로 지방직 시험은 그 중간으로, 겉보기에는 국가직 시험과 유형이 비슷해 보이나 암기형 문제도 꽤 많은 비중을 차지한다.

내가 시험을 본 해에는 서울시 시험이 지방직 시험과 날짜가 겹치지 않아서 3가지 시험을 볼 수 있었지만 이제는 같은 날에 치러지므로, 서울에 연고지가 있는 경우를 제외하고는 무리 없이 연고지의 지방직 시험을 택하는 편이 더 낫다.

이렇게 주력하는 시험을 선택하되, 응시할 수 있는 시험에 모두 응시하며 기회를 노려보자. 비록 출제경향은 시험마다 살짝 다르지만, 공부하는 과목과 범위가 같기에 어느 시험에서 좋은 결과가 있을지 모른다. 처음 본 시험에서 부족한 점을 보완하여, 두 번째 시험에서 성과를 낼 가능성도 있다.

지방직 일반행정 or 교육행정?

    일반행정 직렬의 경우 사무관리 능력을 바탕으로 기획적, 관리적, 지원적인 성격의 업무를 한다면 교육행정직렬은 교육제도의 법령, 입안, 연구, 관리 감독 업무 및 각 교육기관의 행정관리 업무를 한다.

    사실 내가 두 가지 모두를 경험한 것이 아니기 때문에 섣불리 말하기는 어렵다. 내가 경험한 범위 내에서 말하자면, 앞서 언급했다시피 지방직 교육행정공무원의 경우 교육청 혹은 사업소에서 근무한다면 9시에 출근해서 6시에 퇴근이지만, 대다수가 학교 근무자이고 이들은 4시 반(9시 출근이면 5시 퇴근)에 퇴근하므로 엄마 공무원에게 조금 더 매력적으로 느껴질 수 있다.

    민원이 많은가도 고려해야 할 사항인데, 일반행정직 대부분의 민원 대상이 불특정 다수의 일반인이라면 교육행정직의 경우에는 학부모, 교사, 학생, 관련 업체 정도로 범위가 줄어들어 민원의 유형이 조금 한정된다. 비상근무가 드물다는 것도 장점 중 하나다. 물론 학교 근무 기준이고, 본청 및 지원청 근무인 경우 근무시간은 길어지고, 업무 강도는 높아질 수 있다.

또한 교육과 관련한 업무를 하다 보면 아이들의 교육과정이나 학교의 운영방식에 대해 더욱더 잘 알게 되므로 교육에 관심이 많은 엄마라면 교육행정직렬에 더 매력을 느끼지 않을까 생각한다.

나의 경우에도 처음에는 어떠한 직렬이든 합격하게 된다면 감사하고 겸허만 마음으로 일하겠다고 굳게 다짐했지만, 여러 시험에 동시 합격하자 사람 마음이란 게 간사해져서 이래저래 업무환경이나 민원 강도 등을 따졌던 것 같다.

그래서 고용노동부 임용 포기서를 제출하고 한 초등학교에 발령받아 일하면서 서울시 일반행정 면접 준비를 함께 했었다. 하지만 마지막에 면접 당일 가지 않겠다고 마음먹은 결정적인 이유는 저녁 있는 삶을 가능하게 하는 매력적인 퇴근 시간을 놓치고 싶지 않아서였다. 서울시 일반행정 직렬을 택했더라면 아마도 이른 퇴근은 힘들었지 않을까 싶다.

처음에는 업무 파악이 미숙하고 처리 속도가 느려서 한참 동안 야근을 했지만, 몇 달 후에는 아무래도 많이 적응되어 4시 30분 칼퇴도 가능했다. 집에 오니 5시였다. 회식할 때도 1차가 끝났는데 '6시 내 고향' 프로그램이 시작도 하기 전이었다. 정말이지 놀라웠다! 직접 경험해보니 이 직력을 선택하기 잘했다는 생각을 했다.

물론 이는 나의 지극히 개인적인 생각으로 일반행정의 만족도가 더 높을 수 있다. 수험생마다 우선순위로 여기는 부분도 다르고, 처한 환경도 다르기 때문이다. 개인의 선호도가 다르므로, 그에 맞게 고민해보도록 하자.

참고! 교육행정공무원이 하는 일과 장단점

국가직의 경우 교육부 및 산하기관, 국·공립 대학교에 배치된다면 지방직은 교육청(본청) 및 산하 교육지원청, 직속기관(도서관, 평생교육원, 교직원 수련원 등), 공립학교 행정실에서 근무하게 된다. 모집인원은 소수이지만 지방 교육행정직을 모집하는 대학교로 인사이동할 수도 있다.

신규는 대부분의 경우 학교로 발령받는다. 학교 행정실에서는 회계, 사무관리 및 시설관리를 하게 되는데 구체적으로 급여, 회계, 구매(지출), 시설관리, 계약, 물품, 재산 등으로 업무를 나눌 수 있다. 처음에는 급여 업무를 할 가능성이 높다. 급여 업무는 사기업의 회계업무와 비슷하지만 학교의 특수성을 반영한다. 즉 보험, 세금의 신고 납부, 교직원 급여 계산, 연말정산 등을 다룬다.

〈장점〉

빠른 퇴근 시간, 연 단위로 순환하여 반복되는 업무, 드문 비상근무, 민원 강도가 약함. (이는 학교 근무의 장점으로, 본청이나 교육지원청 근무의 경우에는 장점으로 작용하지 않을 수 있다.)

〈단점〉

소수 인원으로 인한 소외감, 적은 급여(연차가 쌓이면 나아짐).

4

나를 합격으로 안내할 시험 전략을 세워라

당신의 모든 생각을 지금 하고 있는 일에 집중하라.
태양 광선을 한 초점으로
모으기 전까지는 불을 붙일 수 없다.

- 알렉산더 그레이엄 벨 -

"인생은 선택의 연속"이라는 말을 들어본 적이 있는가? 이는 공무원 시험에도 여지없이 적용된다. 시험 보기로 마음먹은 순간부터 시험장에서 나오는 순간까지 선택은 계속된다. 일단 공부 시작 전에 필요한 것들을 준비하는 과정에서도 고민할 것이고, 지금 이 순간 공부를 해야 할지 말아야 할지, 어떤 책을 봐야 할지도 고민한다. 시험장에서 문제를 풀면서도 마찬가지다.

보통의 경우 4지 선다형 보기 중 확실히 아닌 것을 제외하고 나면 결국 두 가지 선택지가 남는다. 이 중 무언가를 고르냐에 따라 점수는 달라지고, 합격, 불합격이 나누어지게 된다. 결론적으로 어떤 선택을 하냐에 따라 이 시험이 단기전이 될지, 장기전으로 이어질지가 달라진다.

　자신의 성향을 고려해서 차근차근 선택하되, 그 선택은 합격으로 향하는 선택이어야 한다. 앞에서 어떤 시험에 주력해서 준비해야 하는지를 생각해 봤다면, 본격적으로 해야 할 것은 어떻게 시험을 준비할지 큰 그림을 그리는 것이다. 나의 경우 중간에 전략을 바꾸는 바람에 의도치 않게 시간, 돈 낭비를 한 적이 있다. 충분한 검토와 함께 전략을 세운 뒤 접근하도록 하자.

현장 강의 or 인터넷 강의?

　노량진 학원에서 현장 강의를 들었을 땐 여러 수험생과 같은 공간에 있기 때문에 확실히 자극이 많이 됐다. 책장 넘기는 소리, 필기하는 소리, 묻고 답하는 소리 등……. 그 열기가 말하지 않아도 느껴졌다. 그러나 동영상 강의처럼 배속을 빨리할 수 없어서 답답한 경우가 있었고, 이해하지 못하는 부분을 바로바로 다시 들어 확인하고 넘어가지 못하는 점도 불편했다. 그런 의미에서 인터넷 강의를 강력하게 추천한다.

당연한 이야기겠지만, 아이 있는 수험생의 경우 인터넷 강의(인강)이 유일한 수단일 수밖에 없다. 코로나19 상황이 아직 완전히 종료되지도 않았고, 아이도 돌봐야 하므로 별로 고민되는 부분은 아닐 것이다.

하지만, 코로나19가 지금보다 안정화된다면 오프라인 모의고사는 꼭 보러 가길 추천한다. 아무래도 다른 수험생과 같이 시험을 치르므로 현장의 분위기를 느낄 수 있고, 시간 배분하는 연습, OMR 카드로 마킹하는 연습 등을 할 수 있기 때문이다.

강사 선택하기

나는 처음 시험을 준비할 때, 강사의 경우 다 비슷비슷할 것이라 생각해 직관적으로 마음에 드는 강사를 선택해서 수강했다. 1타 강사는 아무래도 홍보이고, 광고일 것이라는 생각이 컸기 때문이다. 교재도 비교하지 않은 채 내가 선택한 강사의 교재로 자연스레 공부했는데, 뒤늦게 깨달은 것이지만 가독성이 떨어졌다.

한참 동안 점수가 오를 기미가 보이지 않자 다른 방법이 없나 고민하다 강의 및 교재를 바꿨다. 기본강의를 다시 고르고 교재 역시 새로 바꾸는 바람에 의도치 않게 시간 낭비, 돈 낭비를 했다. 시작하는 독자라면 아래의 내용을 읽어보고 여러 각도로 꼼꼼하게 살핀 후 선택하길 바란다.

우선 학원마다 1타 강사로 소개하는 강사의 수강생이 제일 많다. 교재의 수준이나 수강생과의 소통, 바뀌는 시험에 대한 민감도, 해설 강의가 올라오는 속도 등에서 아무래도 차이가 있었다. 하지만 인지도가 낮다고 해서 반드시 강사님의 실력이 없거나 강의력이 떨어지는 것은 결코 아니다. 어느 강사님의 경우, 내가 공부할 때에는(2015~2016년) 인지도가 많이 없었지만 지금 보니 더 유명해지시고, 교재 판매량도 확실히 늘어났다. 시간이 지남에 따라 인정하는 수험생이 많아진 것이다.

다시 본론으로 돌아가자면 무료 강의나 일일특강을 통해 부족한 부분을 보완했는데, 이때 원래 들었던 강사님과는 다른 방식으로 깔끔하게 정리를 잘하시는 강사님이 있어 많은 도움을 받기도 했다. 그러므로 '메인 강사님+필요시 특정 파트는 다른 분으로 보충' 이렇게 생각하는 편이 좋다.

구체적으로는 다음과 같은 순서로 고르면 좋다.

1. 합격수기를 읽어보고 과목별로 많이 거론되는 강사를 2~3명을 추린다.

2. 해당 과목의 기출문제를 푼다. (사이버국가고시센터나 학원별 무료 강의에서 다운로드할 수 있다.)

3. 학원별로 올려둔 기출문제 해설 강의를 강사별로 들어보고 비교한다. 주로 무료 강의 탭에 공개해두었을 것이다. 억양이나 목소리, 말투, 제스처, 표정 등이 강의를 듣기에 무리가 없는지 살펴본다.

4. 기출문제를 어떤 식으로 해설하는지, 수험생의 입장에서 설명을 하는지, 대충 넘어가는 부분이 없고 꼼꼼하게 하는지, 평소에 시험에 출제된 부분을 얼마나 강조했는지를 유심히 본다.

나의 경우에는 국어 이선재(+김병태, 고혜원), 영어 조은정,(+심우철, EBS), 한국사 전한길(+고종훈, 신영식), 행정법(박준철, 전효진), 사회(민준호) 선생님 강의를 들었다.

(2022년부터는 9급 시험 선택과목에 포함된 고교 과목(수학, 과학, 사회)이 폐지되고 직렬별 전문과목이 필수화되었다. 일반행정직렬 기준으로 행정법총론, 행정법개론이 필수로 되어 사회 과목은 사라지게 되었다.)

앞에서 말했다시피 한 강사님의 강의만 본 것은 아니고 한 분 강의를 메인으로 하고 다른 테마 강의로 보충하여 들은 때도 있었고, 아니면 강의는 한 분 것으로만 듣되, 모의고사를 다른 선생님 것도 풀어보는 식으로 했었다.

예를 들어 국어의 경우 김병태 강사님의 고전문학 특강을 들으니 더 정리되는 느낌이었다. 문법이나 사자성어 등에서 바로바로 수험생의 대답(반응)을 요구하기 때문에 그때그때 대답하며 외운 것을 확인하기 좋았다.

모의고사는 고혜원 선생님의 문제가 실력을 확인하기에 적절했다. 또한 한국사의 경우 강의는 전한길 강사님 것을 들었지만 고종훈, 신영식 선생님의 동형 모의고사로 다양한 난이도의 문제를 풀어보기도 했다. 강사님마다 강조하는 부분이 다르고, 같은 내용도 접근 방식이 다르므로 서로 보완할 수 있는 것이다.

물론 처음부터 여러 강사님의 것을 본다면 강의 양만 많아지고 암기법(두문자 법 등)이 달라 오히려 혼동될 수 있다. 그러므로 어느 정도 기본 내용에 익숙해졌을 때, 공부하다 이해가 잘 안 되는 부분을 다른 선생님의 강이나 교재를 통해 복습해보자. 의외로 쉽게 풀리는 것을 경험할 수 있을 것이다.

프리패스, 올패스 등에 관해

학원마다 프리패스 같은 이벤트를 하는 것을 본 적이 있을 것이다. 프리패스란 자유이용권 같은 개념으로 정액권을 구입하면 일정 기간 안에 원하는 강의를 마음껏 들을 수 있다. 합격 시 일정액을 환불해주기도 한다. 학원마다 패스, 올패스, 프리패스 등 다양한 이름으로 부른다. 하지만 금액적인 부분에서 고민이 될 것이라 생각한다.

이때 먼저 이용할 수 있는 것은 무료 강의다. 덜컥 프리패스를 끊기 전에 무료 강의부터 들어보는 것을 추천한다. 대부분 학원 무료 강의는 기출문제풀이 강의와 함께 테마별로 특정 부분만을 무료로 공개하는 경우가 많다. 예를 들어 국어-현대문학사, 영어-핵심 문법, 한국사-정치사 이런 식으로 부분적으로 나와 있다. 부족한 부분을 무료 강의를 이용해서 채울 수 있다는 장점이 있지만, 원하는 파트가 없을 수도 있고 질 좋은 강의를 고르기 위해 발품을 팔아야 한다는 단점이 있다.

한 가지 더 유용하게 활용할 수 있는 팁은 지자체별로 무료강좌를 제공하는지 먼저 확인해보는 것이다. 내가 거주하고 있는 인천광역시를 예로 들자면, '인천교육청 전자도서관'에 무료 강의가 있다. 위 사이트에서 로그인을 한 후 사이버 강좌 탭에 들어가면 교양 자격증, 공인중개사 강좌와 더불어 공무원 강좌가 있다.

　잠깐 살펴보니 해커스 학원의 강의를 제공하고 있고, 난이도에 따라 입문, 초, 중, 고로 나뉘어 있었다. 보통 촬영이 완료된 지난해 강의가 제공되어 있고, 신규 강의가 업데이트되는 식이었다. 컴퓨터뿐만 아니라 모바일 수강도 가능하다. 단, 교재는 별도로 구매해야 한다.

- http://icelib.champstudy.com/index_b2b.html

하지만 기껏 교재를 구입했는데, 강의나 강사가 마음에 들지 않을 경우엔 다시 교재를 구입해야 하므로 무료 강의라도 신중하게 골라야 할 것이다.

아니면 단과만 골라서 듣는 방법도 있지만, 그것도 여러 개를 듣게 될 경우 나중에는 강의비가 꽤 많이 나와 부담이 될 수밖에 없다. 단과를 여러 개 할 바에는 차라리 프리패스 제도를 활용하는 게 나을 수도 있다. 수강생을 모으려는 학원의 마케팅 수단이지만, 잘만 활용한다면 시험기간 내 걱정 없이 강의를 활용할 수 있다는 점, 합격 시 일부라도 환급받을 수 있다는 점이 장점이다. 각 방법별로 장단점을 고려하여 자신에게 맞는 합리적인 선택을 하도록 하자.

스터디, 해야 할까, 말아야 할까?

나는 임용시험을 포함해 여러 해 공부하는 동안 상당히 많은 스터디에 참여해보았다. 온라인 스터디, 오프라인 스터디 가리지 않았고, 실시간 참여 스터디(Skype, Zoom 이용, 전화 통화), 인증을 하거나 문제를 내고 맞히는 퀴즈 스터디(카톡, 밴드) 등을 해보았다.

지금 와서 생각해보면, 적당한 시기에 이용한 스터디는 복습하는 데 아주 큰 도움이 되었으나, 공부 시기에 맞지 않았거나 무리하게 진행했던 스터디는 중압감만 느끼고 사실상 큰 도움은 되지 않았다. 온라인이냐 오프라인이냐에 따라 에너지 소모량이 다르고, 장단점이 있기 때문이다. 그러므로 지금 나의 공부 상황을 돌아보고 실보다 득이 많다고 생각했을 때 참여하는 것이 좋다.

오프라인 스터디의 경우 면접을 준비할 때는 필수적이나, 필기합격을 위한 공부를 할 때는 꼭 필요하지 않다고 생각한다. 물론 서로 격려하며 의지를 북돋아주고 모르는 것을 물어보는 등의 장점이 있겠지만 말이다. 면접 스터디에 관해서는 5장에서 보다 자세하게 다뤄보도록 하겠다.

온라인 스터디에 대해 말하자면 목적에 따라 어떤 식으로 활용할지가 다양하므로 전략적으로 이용 가능하고, 시공간의 제약이 적어 더 효율적이다.

우선 공부습관을 잡을 수 있도록 도와준다는 의미에서 스터디의 도움을 받을 수 있다. '9꿈사' 등 공무원 관련 카페에서 인증 스터디원을 구하는 글을 쉽게 볼 수 있는데, 맘시생의 경우 주로 같은 엄마들끼리 하려는 경향이 있다. 아무래도 같은 처지의 맘시생과 같이 할 경우에는 조금 더 서로를 이해하고 의지할 수 있기 때문일 것이다.

인증 스터디는 카카오톡 오픈 채팅방이나 밴드 등을 이용해할 수 있다. 이는 혼자 했을 때 쉽게 포기하거나 나태해지는 것을 방지할 수 있기에 효과적이다. 오늘 공부 목표를 정한 후 정해진 시간까지 얼마나 달성했는지를 올려서 서로 진도 체크도 해주고 페이스메이커가 되어준다면 장점으로 작용할 수 있다.

다음으로 퀴즈 스터디가 있다. 순서대로 문제를 출제하고 정해진 시간에 답을 올리는 스터디인데, 공부 초기에는 참여하지 않는 것이 좋다. 문제를 내면서 오히려 시간을 소모할 수 있고, 기본 내용을 숙지하기 전이면 어차피 찍어서 맞히거나 많이 틀리게 되어 있기 때문이다. 또한 복습하지 않고, 의무적으로만 스터디에 참여할 경우 그 효과를 더욱 기대할 수 없다. 기본 내용은 습득했는데, 바로바로 해당 내용이 떠오르지 않는 게 고민일 때 가볍게 키워드를 확인하는 용도로 단답식 문제를 서로 내주거나, 책에 나온 기출 O×문제를 무작위로 물어봐주는 정도의 퀴즈 스터디가 좋을 것이다.

하지만 검색해보면 굳이 스터디에 참여하지 않더라도 비슷한 기능을 하는 앱(애플리케이션)이 있다. 이를 잘 활용한다면 밥 먹는 시간이나 자투리 시간에 효율적으로 공부할 수 있다. 기출문제를 확인하거나 영어 단어, 숙어, 맞춤법, 한자 등을 반복하여 점검하기 좋다.

5

그냥 공부가 아닌 합격하는 공부를 하라

일단 당신이 결정하면,
우주는 그것이 일어나도록
함께 협력한다.

- 랠프 왈도 에머슨 -

엄마 수험생은 다른 여느 수험생과 다르게 특수하다. 여러 역할이 요
구된다는 점에서 직장인 수험생과 비슷한 점도 있다. 우선 맘시생들의
특징을 살펴보자.

1) 절대적으로 부족한 시간

꼭 엄마 수험생이 아니더라도 수험생이라면 모두 시간이 부족하다고
느낄 것이다.

처한 상황에 따라 다를 수는 있겠지만, 직장과 병행하는 것이 아니라면 그나마 공부에 집중할 수 있는 환경에 놓여 있을 것이다. 반면 엄마 수험생의 경우에는 주위의 도움이 어느 정도 있느냐에 따라 다르겠지만 집안 살림(요리, 빨래, 청소 등)이나, 아이 케어(등·하원, 아이와 놀기, 식사, 취침 등의 지도)로 인해 자신의 전 시간을 오롯이 공부에 투자하기가 어려운 상황이다.

2) 공부를 하며 죄책감 혹은 미안함을 가짐

과연 다른 수험생들도 공부하며 죄책감을 가질까? 공부에 많은 시간을 투자할수록 더 몰입할수록 잘하고 있다고 생각하며 오히려 뿌듯해할 것이다.

하지만 엄마 수험생은 공부를 하면서도 집안 상태가 안 좋아서, 더 가족들에게 신경을 써주지 못해서, 아이가 엄마를 찾을 때 응해주지 못해서, 아이와 더 많이 놀아주지 못해서 등등 무수히 많은 죄책감, 미안함을 떠안는 경우가 많다.

위의 두 가지 상황은 맘시생들에게 불리하게 적용될 수 있으나, 위기는 기회의 또 다른 말이다. 이러한 상황도 어떻게 마음먹고 인지하느냐에 따라 다르다.

절대적으로 부족한 시간 → 밀도 있는 집중력을 발휘하게 함

흔히들 책상에 앉아 있는 시간과 공부하는 시간은 다르다고 한다. 나부터도 학교 다닐 때 공부하기 싫으면 평소엔 하지도 않던 책상 정리를 하거나 필통 정리를 하곤 했다. 즉, 아무리 길게 앉아 있더라도 집중하는 시간이 길지 않으면 도루묵인 것이다.

온종일 공부만 할 수 있는 환경에 놓여 있는데도 온전히 공부만 하지 않는 수험생은 많다. 넘쳐나는 시간 속에 갈 곳을 잃어 방황하거나 낮은 집중력으로 주어진 시간을 제대로 활용하지 못하는 것이다.

그러나 시간이 부족해서 공부를 제대로 하지 못하는 상황에 놓여 있다면 얘기는 다르다. 열악한 상황이라고 여기는 이 결핍이 오히려 '시간만 더 주어진다면 공부를 더 하고 싶다'는 성장의 욕구로 이어진다. 주어진 시간이 부족한 만큼 활용할 수 있는 시간이라도 낭비하자는 생각으로 접근할 때, 어마어마한 집중력이 생기는 것이다. 그러므로 이를 잘만 활용한다면 강력한 무기가 될 수 있다.

『공부하기가 죽기보다 싫을 때 읽는 책』에서 권혁진 작가님은 일을 하면서 다시 수능 공부를 하셨다고 한다. 엄마 수험생과 마찬가지로 시간

적인 면에서 부족함을 느끼셨을 게 분명하다. 어떤 마음가짐으로 공부했는지 살짝 소개한다.

"남들보다 불리하다고 결과 또한 나쁜 것은 아니다."

공부할 시간이 남들보다 절대적으로 부족하면 불안한 마음이 든다. 하지만 반대로 장점도 있는데, 자투리 시간도 아껴 쓰게 된다는 점이다. 또한 시간을 더 효율적으로 쓸 방법을 계속 연구하게 된다. (중략) 여기서 중요한 점은 하루 공부 시간을 세 시간으로만 계획했다는 것이다. 즉, 세 시간만 채우면 더 이상 공부를 하지 않아도 된다고 나 자신과 약속했다. 그 이상 하는 것은 자유였다.

이 구절에서는 마음먹기가 얼마나 중요하고, 공부 기간 전체에 영향을 주는지 잘 나와 있다. 같은 시간을 공부하더라도 끊임없이 다른 수험생과 비교해서 이것밖에 못 했다고 비관한다면 스스로를 주눅 들게 만들어 슬럼프에 빠지기 쉽다.

반면 현실적으로 무난하게 달성 가능한 목표 시간을 정하고 매일매일 달성하고 있으니 혹은 그 이상했으니 잘하고 있다며 자신을 칭찬해준다면, 이는 긍정적인 기운으로 돌아와 공부하는 기간 전체를 견뎌내기에 좀 더 수월할 것이다.

공부를 하며 죄책감, 미안함을 가짐 → 더 큰 동기부여

지금 당장은 힘들고 불편하더라도 합격 후 가족들에게 크게 보답할 수 있다. 일단 합격하게 된다면 자존감이 높아지게 되고 성취감을 느끼게 되어 주변 사람들에게도 긍정적인 영향을 미친다. 경제적 여유가 생기는 것은 말할 것도 없고, 일에 적응하게 되면서 시간적 여유가 생기므로 일에 적응한 이후에는 다시 가족들과 의미 있는 시간을 보낼 수 있다.

또한 공부하는 엄마, 목표를 세우고 끊임없이 노력하는 엄마는 자녀에게도(설사 어려서 아직은 잘 모른다 하더라도 나중에 알게 되므로) 귀감이 될 수 있다. 강력한 동기부여처럼 중요한 것은 없다. 공부를 열심히 하게 만드는 원동력이기 때문이다.

엄마인 자신이 왜 육아와 살림을 하면서 힘든 여정을 택했는지 그 시작점을 생각해보면 쉽게 답이 나온다. 불편함, 어려움, 결핍 등의 여러 이유가 있었을 것이다. 이를 공무원이 되어 해소하고 나아가 더 많은 편의를 누리고자 하는 등 각자 자신의 도전 이유를 생각해본다면 공부하다 슬럼프 시기가 온다 하더라도, 원만하게 극복할 수 있을 것이다.

맘시생이 해야 할 일은 단 하나다. 짧은 시간 안에 효율적인 방법으로 농도 짙은 공부를 하는 것이다. 그래야 승산이 있다. 그렇지 않으면 수험 기간이 길어지고, 이는 본인도 가족들도 지치고 몸도 마음도 황폐하게 만든다. 방향을 정확하게 잡고 출발해야 목적지까지 순탄하게 도달할 수 있다. 그저 열심히만 하는 것으로는 안 되는 것이다.

나의 경우 처음 시험을 봤을 때는 전략 없이 무작정 머리부터 들이미는 식으로 공부했다. 즉 첫 번째 시험에서는 수험공부를 해서 떨어졌고, 두 번째 시험 때 비로소 나의 실패 원인을 분석하고 합격 공부를 해서 좋은 결과를 이루어냈다.

다시 말하자면 초시에는 앞에서부터 순차적으로 공부했고, 한 과목의 범위가 1부터 100이라면 전부를 동등한 비중으로 취급해서 하나를 암기하고 다른 것으로 넘어갔었다. 재시 때에는 1부터 100 중 내가 제일 먼저 해야 하는 것이 무엇인지 파악하고 그것부터 암기하고 넘어갔다. 확실히 우선순위를 매겨가며 공부를 입체적으로 한다는 느낌을 강하게 받았다.

쉽고 기본적인 부분부터 내 것으로 만들고, 그다음에는 중요한(출제 빈도가 높은) 내용으로 넘어간다. 결국 방대한 기본서 양옆에 나오는 조그마한 내용들은 우선순위가 아닌 것이다. 처음부터 그런 부분 하나하나까지 외우려 해서 에너지를 쏟지 말고, 큼직큼직한 내용부터 마스터하자. 이런 식으로 접근할 때 각 과목당 20문제 중 내가 맞출 수 있는 게 하나씩 늘어난다고 생각하면 된다.

이를 명심하여 평면 공부 말고 입체 공부를 하도록 하자. 최다 빈출되는 내용부터 흡수한 후 문제풀이를 시작한다면 아는 내용이 많이 보이기 때문에 자신감이 생긴다. 자신감이 생기면 흥미가 자연스럽게 뒤따른다. 그때부터는 배가 순풍을 타고 거침없이 나가듯 공부가 순조롭게 될 것이며, 이때부터 흐름을 잘 타기 시작해 본격적으로 박차를 가할 수 있을 것이다.

『나는 무조건 합격하는 공부만 한다』의 이윤규 변호사는 합격을 이렇게 말했다.

합격이라는 말은 자격이라고 할 때의 '격(格)' 자에, '들어맞다'라는 의미의 '합(合)' 자가 합쳐진 말이다. 즉 일정한 자격에 걸맞은 상태를 의미한다. 그래서 합격이라는 목표를 이루고자 한다면 만점이나 고득점이 아니라 자격에 맞는 상태에 도달하기만 하면 된다. 이것이 시험공부의 핵심이다. 시험공부를 하는 사람이 해야 하는 유일한 일은 격에 맞는 상태를 만들기 위해 정확한 노력을 하는 것이다.

나도 전적으로 동의하는 바다. 목표는 합격이고, 우리가 해야 할 일은 오로지 4개의 보기 중 정답과 오답을 가려내는 것이다. 거창하게 생각하지 말고 단순해질 때 목표가 뚜렷해지고 마음이 편안해진다.

6

합격수기를 합격의 이정표로 활용하라

우리가 더 이상 상황을
바꿀 수 없을 때 우리는 우리 자신을
바꾸도록 도전 받는다.

- 빅터 프랭클 -

합격수기를 한 카페에 올려놓고 잊고 지내다가 이 책을 쓰면서 다시 들어가 봤다. 조회 수가 너무 높아 깜짝 놀랐다. 3500회 이상 조회된 것이다. 내 글이 이렇게 많은 사람들이 봤다니? 정말 신기하고 감사했다. '이럴 줄 알았으면 조금 더 공을 들여 자세하게 쓸 걸.' 하는 생각도 했다. 물론 내 후기보다 더 조회 수가 많은 후기들도 많았지만 말이다.

이와 같이 시험을 앞둔 공시생이라면 누구나 '다른 사람은 어떻게 합격했는가'에 많은 관심을 가지고 있다. 이는 어쩌면 내가 공부하는 데에 있어 힌트가 되고, 길라잡이가 되어줄 수 있기 때문이다. 또한 '어떻게 빨리 합격했지?', '어떻게 기초실력 없이 붙었지?', '어떻게 여러 시험에 합격했지?' 하는 궁금증이 생기며 '특별한 방법이 있지 않을까?' 하는 기대 심리가 여지없이 반영되어 있다. 그렇다. '끌리는 사람에게는 특별한 1%가 있다'는 말이 있듯이, 합격한 사람에게도 특별한 1%가 있을 것이다.

자신이 읽었을 때 궁금한 점을 제일 많이 해소할 수 있었던 수기, 그리고 이 수기로 인해 없던 자신감도 생길 것 같은 수기, 실제 도움을 받았던 강의와 특강, 교재들이 아주 잘 정리되었던 수기 등 자신만의 기준을 세우고 그에 맞는 몇몇 수기를 골라보자. 공부 방법을 따라 해보기도 하고, 추천하는 강사님의 강의를 시험 삼아 들어볼 수도 있다. 앞서 언급했듯이 교재와 강사님을 고를 때에도 합격수기를 참고하면 쉽다.

다만 주의할 점은 합격수기에 나와 있는 방법이 자신에게 모두 효과적인 방법은 아니라는 것이다. 그건 그 사람에게 특화된 수기이므로 그대로 따라 할 필요는 없다.

생각보다 비효율적인 부분이 섞여 있을 수도 있고, 겪었던 것보다 미화되어 왜곡되어 쓰여 있을 수도 있기 때문이다. 각자의 성향과 기본 실력 등 여러 조건과 상황이 다르기 때문에 필요한 부분만 참고하는 것이 좋겠다.

　나도 다른 수험생의 합격수기의 도움을 많이 받았다. 우선 공부가 잘 안될 때에는 스트레스를 해소할 수 있는 다른 무언가를 찾느라 시간을 보내기 전에, 무조건 합격수기 먼저 읽어 내가 놓치고 있는 게 무엇이 있나, 좋은 팁이 하나라도 더 있나 파악하며 실천에 옮기려 했다.

　합격수기야말로 자칫하면 돌아갈 수도 있었던 길을 돌아가지 않고 곧장 가게 해줄 수 있는 간접 체험 기술서다. 시중에는 너무도 많은 합격수기가 있지만 계속 읽다 보면 갯벌 속에서 진주를 발견하듯 마음에 딱 와닿는 수기들이 분명히 있을 것이다. 그런 수기를 찾도록 한다.

　또한 공부 시작 전뿐만 아니라, 중간중간 공부가 잘 안될 때, 지금 하고 있는 게 잘하고 있는지 확신이 안 설 때 등의 상황에서 합격수기를 가까이하는 것도 동기부여에 많은 도움이 된다. 그리고 머릿속으로 상상하자. 내가 합격한 그 순간을 말이다. 실제로 합격수기를 미리 생각해보는 것을 추천한다. 나 또한 그런 상상을 자주 했었고, 실제로 이루어졌다.

　이처럼 마인드 세팅 과정은 시험 전반에 걸쳐 이루어진다. 시작하는 단계에서 깊게 고민하는 시간을 갖지 않는다면, 공부하는 과정 중간에 이런저런 의문을 품을 수 있다. 이는 집중하는 것을 방해하며 나아가 시험을 계속 준비해야 할지 그만두어야 할지의 문제로까지 확대될 수 있다. 전략은 중간에도 끊임없이 수정할 수 있다. 하지만, 전략이 있는 상태로 시작하느냐 아니냐는 큰 차이를 가져올 것이다. 본인이 어떤 마음가짐을 가졌는지 다시 한번 살펴보고, 시간이 좀 걸리더라도 간절히 원하고, 하루하루를 충실히 보낸다면 그 상상은 틀림없이 현실이 된다.

2장

엄마에 의한, 엄마를 위한

합격 공부 전략

1

마인드컨트롤 : 숫자에 겁먹을 필요 없는 이유

당신은 당신의 행동으로 어떤 결과가 나올지
결코 알지 못하겠지만, 만약 당신이 아무것도 하지 않는다면
어떤 결과도 없을 것이다.

- 마하트마 간디 -

공무원 시험은 전문적인 지식이나 학위, 경력을 따로 요구하지 않고 응시자격(나이)만 갖춘다면 응시할 수 있다. 그렇기 때문에 경쟁률이 높은데 바꿔 말하면 그만큼 허수가 많은 시험이다. 그러므로 아무리 경쟁률이 높고 뉴스에서 이를 계속 언급한다 하더라도 겁먹을 필요는 전혀 없다.

접수인원이 응시인원이 아니고, 응시인원이 실제 경쟁자라고 할 수도

없기 때문이다. 아래 그래프를 보자. 2021년 국가직 9급 공채 통계를 보여주고 있다.

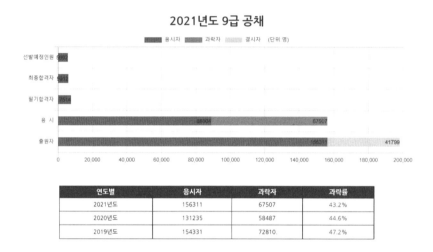

2021년도 9급 공채
■ 응시자 ■ 과락자 ▨ 결시자 (단위 명)

연도별	응시자	과락자	과락률
2021년도	156311	67507	43.2%
2020년도	131235	58487	44.6%
2019년도	154331	72810	47.2%

- 사이버국가고시센터

흔히들 말하는 경쟁률은 원수 접수자를 포함해서 나온 수치다. 위의 수치에 따르면 30:1(198,110/5662(출원자/선발예정인원)≒34.9)이 넘는 경쟁률을 보인다고 할 수 있다. 그중에서도 원서접수만 해놓고 실제로 시험장에 등장하지 않는 수험생이 있다. 그 결시자를 빼고 응시한 수험생 중에서 과락 기준(각 과목 40점)을 넘지 못해 불합격하는 과락자를 뺀다면 실 경쟁률이 나오게 된다.

그렇게 계산하면 필기합격 경쟁률이 약 15:1(888,04/5662(출원자/선발예정인원)≒15.6)이다. 그 15:1의 경쟁자 중 과락은 넘었지만 실제 합격선에 미치지 못하는 경우도 있으므로 합격권의 실 경쟁률은 더더욱 줄어들게 된다.

언론에서 부각된 숫자만 봤다면 겁을 먹기 쉽다. 지금 시작하기에는 너무 늦지 않았을까? 나이가 많지 않을까? 젊은 친구들도 힘들다는데, 오랫동안 공부에 손을 놓은 내가 과연 할 수 있을까? 하는 질문이 꼬리에 꼬리를 물게 된다. 하지만 앞서 언급했다시피 실제 수치보다 부풀려진 것이므로, 겉으로 강조되는 숫자로 인해 주눅들 필요는 없다.

이렇게 경쟁률을 신경 쓰는 것은 결국 타인을 의식해서다. 공무원 시험은 절대평가가 아닌 상대평가이기에 당연히 상대를 고려해야 한다. 하지만 공부하는 전 과정에 걸쳐서 줄곧 신경 써야 할 것은 어제의 나 자신, 그리고 현재의 나 자신이다.

공부하는 전 과정에 걸쳐 내가 할 수 있는 만큼의 계획을 세우고 그 계획을 살뜰히 수행해나가며 과거의 나보다 한 걸음 나아가도록 공부를 해야 한다. 즉, 내가 얼마나 나의 생활을 적절하게 유지하며 목표한 할당량을 채우느냐, 나 자신을 얼마나 믿고 험난하게 보이는 길을 묵묵하게 걸어가느냐가 더 중요한 문제인 것이다.

전 과목 100점을 맞아야 하는 시험도 아니다. 아래 그래프는 마찬가지로 2021년 9급 공채 응시자 성적 분포이다. 응시자들이 대략 어느 정도의 성적인지 알 수 있고 이를 통해 선발인원 안에 들어가려면 어느 정도의 점수를 받아야 하는지도 알 수 있다.

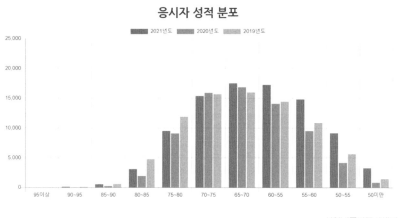

- 사이버국가고시센터

국가직 시험의 경우 몇몇 직렬은 선발인원이 적고 그에 따라 합격선이 높다. 평균 90점~95점을 요구하는 것이다. 하지만 그 이외의 직렬이나 지방직 시험의 경우 평균 85점~90점이어도 가능성이 있다. 물론 평균 85점 이상을 맞추기 위한 것 또한 쉽지 않다. 그 점수를 받기까지 많은 시간, 노력이 필요한 것은 사실이기 때문이다. 하지만 여기서 주목해야 할 점은 모든 문제를 맞혀야 한다든지 실수를 용납하지 않다든지 하는 시험은 아니라는 것이다.

이렇게 한층 더 멀게만 느껴지는 시험이 가까워진다. 몰입을 통해 지식을 습득하고, 문제 푸는 훈련과정을 거쳐 일정 점수를 따내는 것에 집중하자. 거듭 말하지만 모든 과정은 그냥 해서는 안 되고 '전략적으로' 이루어져야 한다.

기출문제를 풀고 난 후 이 문제를 얼마나 정도를 맞아야 합격할 수 있는지 궁금한 것은 자연스러운 흐름이다. 검색해보면 지난 시험의 합격선이 얼마였다는 것을 찾아볼 수 있다. 2021년 국가직 9급 일반행정(전국: 일반)의 경우 합격선은 400.84였다. ((지역:일반)의 경우 강원 384.10~부산 404.1로 지역마다 차이가 있다.)

그런데 이는 조정점수를 바탕으로 나온 자료라 원점수(채점해서 나오는 원래 점수) 만으로 계산하기는 어렵다. 선택과목의 점수가 변환되어 계산되므로 나의 실력이 어느 정도인지, 몇 점 정도 맞아야 합격권에 드는지 한눈에 들어오지 않는다.

그런데 대략적으로 자신의 점수가 어느 정도인지 기출문제를 통해 확인할 수 있는 방법이 있어 소개한다. 2022년부터는 조정점수 자체가 없어져서 이런 방법이 필요 없지만, 그 이전 기출문제 결과를 분석할 때 활용할 수 있을 것이다.

사이버국가고시센터 사이트에서 '시험문제/정답-모의고사' 페이지에 접속하면 2018~2021년 동안의 기출문제를 컴퓨터에서 풀어볼 수 있다. 종이에 풀어봤다면 푼 답을 OMR 카드에 표시해서 결과를 보면 된다.

- 사이버국가고시센터의 모의고사 시뮬레이션 활용법

	점수 1	점수 2
국어	85	85
영어	85	90
한국사	85	95
행정법총론	85	90
행정학개론	85	95
총점(원점수)	425	455
총점(조정점수)	384.10	401.32

〈결과 1〉

국어	영어	한국사	행정법총론	행정학개론	가산점	평균(총점)	합격선	합격시뮬레이션
85.00	85.00	85.00	64.53	64.57	0.0	384.10	400.84	불합격

– 과락일 경우 가산점 적용이 되지 않습니다.

〈결과 2〉

국어	영어	한국사	행정법총론	행정학개론	가산점	평균(총점)	합격선	합격시뮬레이션
85.00	90.00	95.00	66.75	64.57	0.0	401.32	400.84	합격

– 과락일 경우 가산점 적용이 되지 않습니다.

표의 〈점수 1〉의 경우 총점은 384.1점으로 합격선인 400.84점과 16.74

점 차이 나 결과는 불합격이었다. 반면 〈결과 2〉에서는 총점이 401.32로 합격선보다 0.48점 높아 합격이다. 공통과목에서는 15점, 선택과목에서는 5점(조정점수로 변환 시 2.22점) 차이가 난다.

　이런 식으로 시뮬레이션 과정을 거친다면 지난 시험의 난이도에서 몇 점을 맞혀야 하는지 대략 감이 올 것이다. 물론 개인마다 가산점 여부, 응시한 연도나 직렬에 따라서도 결과는 달라지겠지만 합격선이 어느 정도인지를 체감할 수 있으므로 한 번쯤은 시도해봐도 좋을 것이다.

2

역순 공부법 : 기본강의보다 기출문제가 먼저다

단지 쉬운 것만을 읽지 말라.
당신은 그것으로 인해 즐거워질 수 있지만,
결코 성장할 수 없다.

- 짐 론 -

한번 시험을 본 수험생들은 알 것이다. 아니, 꼭 시험을 보지 않아도 기출문제를 통해서도 알 수 있다. 확실히 나왔던 내용이 또 나온다. 그뿐만이 아니다. 같은 해에 실시하는 국가직, 지방직 시험의 경우 국가직 시험에 기출되었더라도 지방직 시험에 또 출제된다.

"설마 바로 전 시험에서 출제했던 내용을 또 내겠어?" 하겠지만 실제로 나온다. 바로 전에 나왔다고 제외하거나 소홀히 보아서는 안 되는 것이다. 그만큼 최다 빈출 내용은 돌고 돈다. 실제로 기출문제에서 문제가 얼마나 출제되는지를 알고 싶다면, 과목별로 최근 시험의 총평이나 해설 강의를 들어보면 된다.

보통 강사님들이 책을 집필할 때 이전 기출문제의 내용들을 기본서에 모두 담는다. 아무리 지엽적인 내용이라고 한들 기출 되었다면 해당 내용이 없을 경우 개정판에는 그 내용을 추가하는 식으로 보완한다.

그렇게 기본서가 만들어지고, 최다 기출된 부분 위주로 마무리, 특강이 이루어지며 판서노트, 요약노트, 필기노트 등의 요약집에도 빈출되어 다음 시험에 출제될 가능성이 높은 내용이 등장한다.

그리고 해설 강의 때 문제별로 교재의 어느 위치에 내용이 있는지를 언급하며 적중률을 함께 공개하기도 한다. 보통 대다수의 문제들이 적중하는데 아무래도 기출 부분이 다시 출제되기 때문이다.

물론 처음 등장하는 단어나 지문이 등장하는 경우나 내용은 익숙하더라도 문제 유형이 새로워 오답률이 높은 문제도 있다. 또는 문제에 따라서 추론조차 어려워 찍어야 하는, 범위를 벗어나는 문제도 가끔 있긴 하지만 이는 수험생 모두가 동일하게 느끼는 부분이므로 크게 걱정할 필요는 없다.

　다시 본론으로 돌아가자면, 기출문제를 해설할 때 수강생들이 90점 정도는 받을 수 있었다고 한다면 그 과목의 경우 기출문제 위주로 꼼꼼하게 공부할 시 두 문제를 제외하고 무난하게 맞힐 수 있었다는 말이 된다. 과목별로, 그리고 연도별로 몇 차례 총평을 확인한다면 실제로 기출문제에서 상당한 비율이 다시 출제됨을 직감적으로 깨달을 수 있다. 이런 사전작업은 의문이 아닌 확신을 갖게 하므로 공부하는 데 있어서 어느 곳에 초점을 두고 해야 하는지를 잘 보여준다.

　나는 처음 공부할 때 기본강의를 전부 듣고 나서야 문제풀이(기출문제 분석)을 했었다. 이렇게 공부하니 기본강의에서 어떤 내용에 더 초점을 두어야 하는지 의식하지 않은 채 강의를 들었고, 문제가 어떻게 출제되는지에 대해 명확한 그림을 그리지 못했기에 효율이 떨어졌었다.

　다 듣고서도 소화하는 비율, 즉 내 것으로 흡수시킬 수 있는 비율이 낮았던 것이다. 돌이켜보면 이런 미흡한 부분으로 인해 기본 공부할 때 많이 방황했지 않나 싶다. 다시 도전할 때는 전략적으로 기출문제에 중점으로 두었고, 의식해서 공부하자 방향이 뚜렷해지고 공부의 효율이 높아졌다.

2021년 11월 시행했던 수능이 불수능으로 난도가 높다는데 유일하게 딱 한 명 만점자가 나왔다. 각 언론사에서 공부 비결을 물어보니 그중 하나가 기출문제를 여러 번 분석하고 나서 사설 모의고사로 넘어갔다는 것이었다. 합격자들마다 계속 강조하는 부분이라 약간은 진부하게 느껴질 수도 있겠지만 기출문제의 중요성이 다시 한번 여지없이 드러나는 순간이다. 기출문제를 마스터하는 것이야말로 간과해서는 안 되는 핵심이다.

하지만 너도나도 중요성은 알고 있지만 놀랍게도 상당수의 수험생들이 기출문제에 많은 시간 투자하지 않는다. 기본강의 듣는 데에 더 초점을 맞추어 지식 습득을 문제 풀이보다 더 우선시하거나, 기출문제보다 동형 모의고사 등 다른 사설 모의고사를 푸는 데 더 많은 시간을 할애하기도 한다.

나는 여기서부터 합격의 길이 나누어져 눈에 띄게 도드라진다고 생각한다. 만약 시험공부를 이제 막 시작했다면 제일 먼저 해야 할 것은 최신 기출문제를 뽑아서 풀어보는 것이다. "아니 기본강의도 안 듣고, 내용도 모르는데 어떻게 풀 수 있겠나?" 하고 반문할 수도 있다.

하지만 답을 찾는 것이 목적이 아니다. 내가 앞으로 응시할 시험이 각 과목별로 어떤 내용을 묻는 건지, 단순 암기 문제가 많은지 지식을 암기하지 않아도 추론만으로도 풀 수 있는지, 나에게 익숙한 내용은 있는지 등등을 살펴보기 위함이다. 책을 펴놓고 내용을 찾아가며 답을 골라도 상관없다. 아마 모르는 내용이 많을 것이다. 하지만 자연스러운 일이므로 주눅이 들 필요는 없다.

최근 3년 동안의 출제 비중을 먼저 파악한다. 보통 책의 앞부분에 출제 동향이 나와 있으므로 참고한다. 강의를 듣는 경우에는 강사님께서 체크해주시므로 1회독 할 때 참고하면 되는 것이다. 또한 기출문제는 여러 번, 다각도로 분석해야 한다. 기출문제를 보고 답을 수월하게 찾았다고 해서 그냥 넘어가지 않도록 한다.

한 기출문제의 오답은 다음 시험문제의 정답이 될 수 있기 때문이다. 같은 내용이지만 다른 예시에 적용해서 마치 다른 문제처럼 보이게 출제하기도 한다. 그럴 경우 역시 맞출 수 있도록 해당 문제가 무엇을 묻는지 정확하게 파악해야 한다. 유형을 바꾼다 해도 핵심을 알아챌 수 있도록 대비해야 하는 것이다.

정호승 산문집 『내 인생에 용기가 되어준 한마디』에서는 이런 구절이 있다.

"깊은 데에 그물을 던져라."

작가님께서는 인생을 바다에 비유하며 남을 위해 보다 꿈을 크게 가져야 하고 삶의 내면을 깊게 해야 함을 강조하셨다. 꿈과 목표라는 그물을 깊은 데에 던져야 인생이 깊어지기 때문이다. 하지만 이 문구를 보고 나는 내 나름대로 해석하여 공무원 시험에 적용하려 한다.

시험 범위를 호수라 가정하고 공부하는 것을 그물 던지는 행위에 비유한다면 호수 깊은 데에 그물을 던져야 한다. 다시 말해서 물고기가 많은, 즉 시험에 많이 출제된 곳을 공부해야 한다. 아무리 그물을 많이 던져도 그 물이 얕은 물이어서 물고기들이 별로 없다면, 그물을 던지는 수고와 시간은 아쉽게도 헛되게 된다. 물고기를 많이 잡기 위해서는 일단 물고기가 많은 곳에 그물을 던져야 한다. 그리고 잡은 물고기를 놓치지 않으려는 기술이 필요하다. 이 기술에 대해서는 뒤에서 차차 알아보도록 하겠다.

호숫가에서 물고기가 어디에 많이 사는지는 공개되어 있는 정보임에도 불구하고, 많은 수험생이 알면서도 간과하는 부분이다. 이 글을 읽는 독자분들은 꼭 물고기가 많이 사는 곳에 그물을 던지시길 바란다.

3

N회독 공부법 : 무조건 1회독을 빠르게 끝내라

끈기는 장거리 경주가 아니다.
그것은 연달아 일어나는
많은 단거리 경주이다.

- 월터 엘리엇 -

막상 공부를 시작했지만 공부하다 말고 이런저런 생각이 들면서 내가 잘하고 있는지 의심이 들 때가 있다. 공부하고 있는 내용이 어렵게 느껴질 뿐만 아니라 진도가 더디다는 생각에 자신이 하고 있는 학습법이 맞는지, 강의를 잘 선택한 게 맞는 건지 등의 의문이 이어진다.

그런데 이런 현상은 지극히 자연스러운 것이다. 이때 강의를 듣고 있는 중이라면 수강하는 강사님을 믿고 일단 끝까지 완독하는 것이 중요하다. 처음부터 이해 가지 않던 내용이더라도 중반, 또는 후반에 나오는 개념을 접하고 난다면 그제야 이해가 가는 내용이 있을 것이다.

나 또한 한 페이지를 읽어도 모르는 내용이 수북하여 과연 다음 내용으로 넘어가야 하는 게 맞나 싶었다. 이렇게 진도가 더디게 나가는데 어떻게 이렇게 많은 양을 볼 수 있나 두려워지기 시작했다. 그렇게 더디게 1회독을 하고 나서 다시 2회독 했을 때, 신기하게도 책의 뒷부분을 공부할 때 앞에 나왔던 개념이 어렴풋이 이해가 됐다. 물론 완벽하지는 않았지만 말이다.

두 번째 봄으로써 쉽게 이해가 되는 것을 나는 나 혼자 끙끙대며 고민하고 이해하려 쩔쩔매며 시간을 보냈었다. 나중에 생각해보니 이는 비효율적이고 시간을 많이 잡아먹었던 행위였다. 전체적인 내용을 파악하기 위해서라도, 즉 숲을 보기 위한 감을 잡기 위해서라도 1회독은 중요하다.

여기서 포인트는 1회독을 할 때 세세한 내용까지 모두 볼 필요가 없다는 것이다. 물론 하나씩 암기하거나 복습해서 내 것으로 만드는 것이 가장 이상적이지만, 그러기에는 내용이 너무나도 방대하며 시간은 터무니없이 부족하다. 또한 1회독을 하지 않은 상태에서는 어느 부분에 힘을 들여 깊게 공부해야 할지를 보는 눈이 아직 없을 가능성이 크다.

1회독 이후 강약 강약을 파악할 수 있는 눈을 가지게 된다면 더욱 효율적으로 공부할 수 있다. 그러므로 시야를 확대할 수 있는 능력을 가지기 위해서라도 가볍게, 빠르게 기본 내용을 보는 것이 중요하다. 그다음 2회독 때부터는 처음 가졌던 두려움이 처음보다 줄어들게 된다. 의식해서 빠르게 보려고 노력하지 않아도, 횟수를 거듭할수록 보는 시간이 단축되는 것이다. 또한 빠르게 여러 번 볼수록 오래 기억할 수 있고, 다른 내용과 유기적으로 연계되어 기억할 수 있기에 암기의 질이 높아진다고 할 수도 있다.

결국 1회독을 빠르게 하고 나서 회독을 늘린다는 것은 한 권을 여러 번 보기 위함이다. 조지 스웨인의 『How to study 공부 책』에서는 다음과 같은 라틴 속담이 등장한다.

"많이 읽되 여러 권을 읽지는 마라."

중요한 부분은 스스로 철저하게 이해했다고 생각될 때까지 반복해서 읽어야 한다는 의미다. 영국 사회학자 허버트 스펜서도 비슷한 주장을 한다.

"책 몇 권을 철저하게 읽는 것이 여러 권을 수박 겉핥기식으로 읽는 것보다 훨씬 더 낫다."

스펜서는 만일 자신이 다른 사람들만큼 많은 책을 읽었다면 그들만큼이나 아는 게 적었을 것이라고도 말했다. 공통적으로 강조하는 것은 여러 책을 한 번씩 보는 것보다 한 권을 여러 번 읽음으로써 놓쳤던 부분을 다시 포함시키는 것이 훨씬 효과적이라는 것이다. 시험일까지 한정된 시간 속에서 다 회독을 하기 위해서라도, 1회독은 빨라야 한다. 2회독 때 중점적으로 봐야 하는 내용, 대략적으로 무슨 내용인지는 알겠지만 세세하게 암기가 필요한 부분 등은 과감하게 체크하고 넘어가자.

4

효율을 2배 올리는 문제풀이 필수 스킬 4가지

할 수 없을 것 같은 일을 하라.
실패하라. 그리고 다시 도전하라.
이번에는 더 잘 해보라.

- 오프라 윈프리 -

기본 내용을 숙지했다면 기출문제 분석을 본격적으로 시작해야 한다. 기출문제 분석을 소홀히 할 경우, 자신이 무엇을 알고 무엇을 모르는지 파악하는 데 오래 걸린다.

출제자가 어떤 의도로 문제를 출제했는지 파악하고, 관련 내용을 학습 한다. 그리고 시간이 지난 후 다시 풀어 한 번 더 내용을 점검한다. 여러 차례 이 과정을 반복하여 기출문제가 익숙해진다면 다른 사설 동형 모의고사를 풀어 실력을 가늠해본다. 아래에서는 문제 풀 때 도움이 되는 몇 가지 전략을 소개한다.

문제집에 바로 답이나 풀이 과정을 쓰지 마라

기출문제의 경우에는 모의고사와 달리 한번 보고 끝낼 것이 아니므로 연습장에 문제 번호를 적고 답을 체크한다. '옳은 것은?'을 물어보는 문제는 노트에 답이 몇 번인지를 적고 나머지 보기는 왜 이 보기가 아닌지 이유를 함께 적는다. 마찬가지로 '옳지 않은 것은?'의 문제는 해당 보기가 왜 옳지 않은지 이유를 적는다.

그러고 나서 채점을 한 후에 문제 번호 왼쪽에 자신만의 방식으로 틀린 횟수를 표시한다. 몇 번 틀렸는지를 세는 것이다. × 표시도 좋고, 바를 정(正) 표시도 좋다. 나중에 다시 풀었을 때 같은 문제를 반복해서 틀리게 되면 '××××' 이렇게 쌓여가는 것을 볼 수 있으며, 찍어서 맞춘 문제의 경우 'ㅇ×ㅇ×' 이렇게 풀 때마다 맞힐 때도 틀릴 때도 있다는 것을 볼 수 있다. 이런 문제를 더 주의 깊게 봐야 한다.

반대로 正 표시가 없거나 'ㅇㅇㅇㅇ' 이런 식으로 풀 때마다 계속 답을 맞힌 문제는 더 이상 보지 않고 넘어가도 좋다. 이 과정을 거치면 어떤 부분에서 개념 정리가 약한지 한눈에 볼 수 있으며, 2회, 3회 회독을 거듭할수록 봐야 하는 문제의 수가 적어지기 때문에 모르는 혹은 헷갈리는 문제에 더 집중할 수 있다.

한편 내가 공부할 때는 없었지만 요즘에는 공시생들에게 '기출문제 풀 때 좋은 펜'으로 유명한 펜이 있어 소개한다. 바로 '기화 펜'(일명 순삭펜)이다. 이미 활용하고 있는 독자분들도 있을 것이다. 이 펜으로 종이에 글자를 쓰면 시간이 지남에 따라 잉크가 증발하여 글자가 사라진다고 한다. 물론 잘 번진다는 단점이 있고, 펜에 따라서 부작용이 있는 펜도 있다 하니 잘 살펴보고 구입하도록 한다.

'옳은 것은?/옳지 않은 것은?' 문제를 시각화하라

우선 실제 시험을 포함하여 실전 모의고사를 풀 때에는 문제를 시각화하며 풀도록 한다. '옳은'에는 동그라미(O), '옳지 않은'에는 세모(△) 혹은 엑스(×) 표시를 먼저 하고 지문이나 보기를 읽기 시작한다. 위에 언급했다시피 옳은 문제를 고를 때에는 왜 다른 보기가 틀렸는지 해당 단어에 엑스(×) 표시를 한 후 맞는 단어로 고쳐 쓰고, 옳지 않은 문제를 고를 때에는 해당 보기의 어떤 부분이 틀렸는지 마찬가지로 고친 후에 답을 체크하도록 한다.

잘 모를 때나 아니면 확신이 없을 때에는 문제 번호 옆에 세모(△) 표시를 하여 나중에 복습할 때 눈에 띄도록 한다. 이렇게 가시적으로 표시해두고 푸는 연습을 한다면 실전에서도 제대로 문제를 읽었는지 쉽게 파악해서 실수를 줄일 수 있다.

긴 지문을 읽고 답을 골라내야 하는 문제라면 보기는 4번부터 읽어라

이 방법은 문제 푸는 시간을 단축시킬 수 있는 방법이다. 지문이 없거나, 보기의 길이가 짧다면 1번부터 차근차근 읽어 내려가면 된다. 하지만 박스형 지문이 있거나, 보기 자체의 길이가 긴 문제의 경우에는 4번 보기부터 읽는 것이 훨씬 효율적이었다.

이러한 방법에 최적화된 문제 유형은 국어에서 '적절한(적절하지 않은) 것은?'과 영어에서 '글의 내용과 일치하는(하지 않는) 것은?'을 찾는 문제다. 내가 경험해본 바로는 1번부터 읽어 내려갔을 때보다 4번부터 읽고 올라갔을 때 나머지 지문이나 보기를 읽어보지 않아도 답을 찾을 수 있는 경우가 상대적으로 많았다.

아무래도 경쟁률이 높은 시험의 경우 난이도를 조절해서 수험생을 변별해야 하는데 그렇다고 엄청 지엽적인 부분에서 문제 출제를 하기에는 출제위원들이 부담스러울 수 있다. 물론 그런 문제도 간혹 있긴 하지만 말이다. 이때 가장 손쉽게 오답률을 높이는 방법은 지문, 보기의 길이를 늘이든지 지문을 길게 하고, 정답을 3~4번 쪽에 배치하여 수험생으로 하여금 문제를 푸는 데 많은 시간을 쏟도록 하기도 한다.

일반적으로는 문제, 지문 순으로 읽고 1번 보기를 읽겠지만, 일단 문제에서 무엇을 찾아내야 하는지를 파악하고 2)의 방법대로 옳은 것인지, 옳지 않은 것인지에 표시했다면, 제일 먼저 해야 하는 것은 보기 3, 4번을 유심히 보는 것이다. 그러고 나서 박스형 지문으로 돌아가 어떤 내용인지를 본다. 이때 처음부터 읽을 필요는 없고, 중간에서 아랫부분에 더 초점을 맞추어 보기와 매칭되는 지문의 내용을 찾는다.

반드시 문제-지문-보기 순서로 읽을 필요도 없다. 문제의 유형에 따라서 지문을 아예 읽지 않고서도 보기만으로도 답을 가려낼 수 있는 문제들도 있다.

가령 한국사 문제 중 '~에 관한 설명 중 옳지 않은 것은?'이라는 문제가 있고, 해당 지문이 나와 있으며 보기가 주어진다면 지문을 읽지 않아도 이질적인 보기 하나만 고르면 시간을 단축하는 것이 가능하다. 어떤 보기가 답이라고 생각한다면 일단 체크한 뒤 다시 지문을 읽고 답을 확신하는 키워드를 찾으면 된다.

이렇듯 문제가 출제되는 패턴은 일정하고 또 반복된다. 같은 정답을 골라내더라도 시간을 단축시킨다면 난해하고 까다로운 문제에 시간을 더 투자할 수 있으므로 실수를 줄여나가는 데 도움이 많이 된다.

뇌의학 전문의이자 심리학자인 다니엘 G. 에이멘의『공부하는 뇌 : 기억력, 집중력, 학습 속도를 끌어올리는 공부머리 최적화 기술』에 있는 전략 몇 가지를 소개한다. 의존해서는 안 되지만 한 번쯤 읽고 참고해도 좋을 것이다.

1) 문제를 풀 때는 보기를 보기 전에 먼저 정답이 무엇인지 떠올려보자. 이렇게 하면 문제 풀이에 편견이 들어가는 것을 막을 수 있다.

2) 정답이 무엇인지 확실히 모를 때는 이런 전략을 구사하자.

– 가장 일반적으로 표현한 기술이 정답일 때가 많다.

– 가장 길게 서술한 보기가 정답일 때가 많다.

– 거짓이라 표현하는 진술 대신 참이라 진술하는 보기를 고르자. 거짓이라 표현하는 진술은 작성하기가 더 어렵다.

3) 일단 고른 답은 합당한 이유가 있을 때만 바꾸고, 그게 아니면 첫인상으로 고른 문제를 택하자.

인풋의 2배를 아웃풋에 투자하라

시험공부에서 인풋은 기본서를 읽어 지식을 머릿속에 넣는 일이라면 아웃풋은 문제를 풀어 내가 알고 있는 지식을 끄집어내어 확인하는 일이다. 나는 재도전을 할 때, 줄곧 기출문제풀이가 기본서를 읽는 것보다 두 배는 중요하다고 생각하며 공부를 했었다.

흔히 '나는 아직 기본 지식을 소화하지 못했기에 문제를 풀 수 없다.'라고 생각한다. 하지만 아무리 오랜 시간 들여도 문제를 풀기 위해 완벽히 기본 내용을 숙지하지는 못한다. 아니 더 정확하게 말하자면 그럴 필요가 없다.

합격생들 수기 또는 인터뷰를 참고하면 "합격할 줄 몰랐다."라는 말을 하는 경우가 있다. 물론 합격생들이 겸손해서 그런 얘기를 하는 경우도 있지만, 실제로 자신이 책의 내용 모두를 소화하지 못했음에도 불구하고 합격했기에 그렇게 답한 것일 수 있다. 다시 말하자면, '책의 내용을 완벽히 이해하지 못하거나 숙지하지 못해도 합격할 수 있다.'라는 말이 된다. 이쯤 되면 기본서의 내용을 그리 오랜 시간 붙잡고 있지 않아도 된다는 걸 알 수 있을 것이다.

숫자로 표현해본다면 40% 정도로 인풋에 투자했다면(기본서를 학습했다면) 이제는 아웃풋을 위해 문제를 풀어야 할 단계다. 문제를 통해 40%의 자신의 학습량을 80%까지 끌어올린다. 그러고 나서 다시 기본서로 돌아와 부족한 부분을 체크하여 놓치는 부분이 없도록 마지막 20%를 채우면 된다.

가장 깔끔하고 정제되어 있어 제일 실력을 쌓기에 적합한 문제는 기출문제다. 앞에서도 언급했다시피 기출문제를 한번 풀어보았다고 해서 끝날 것이 아니다. 정답을 알고 있다고 넘어가서는 될 게 아닌, 다양한 각도로 여러 번 분석해야 한다. 그 과정을 반드시 우선순위로 끝내고 나서 다른 동형 모의고사나 문제집으로 넘어가야 한다.

그런데 공부하는 과정에서 기출문제를 여러 번 보아 문제와 답을 보자마자 체크하게 되어 진정 자신이 알고 있는 건지, 답을 외워서 푸는 게 아닌지 잘 모르겠다면 진도별, 동형 모의고사 문제집을 활용할 수도 있다.

진도별 모의고사 문제집의 경우 기출문제와 유사한 형식과 비슷한 난이도로 출제된다. 하지만 내용의 구성이나 보기들이 달라지기 때문에 생소하게 느껴지는 부분도 있을 것이다. 이러한 문제를 단원별로 풀어본다면 해당 단원에서 부족한 개념이 무엇인지 파악이 가능하다. 그런 부분은 기본서로 돌아가서 내용을 숙지하고 돌아오면 된다. 전 범위를 모두 학습한 단계라면 동형 모의고사 문제집을 활용할 수도 있다. 처음에는 점수에 연연하지 말고, 부족한 부분이 무엇인지 파악하기 위한 수단으로 삼는다. 문제를 많이 풀어볼수록 어떻게 출제되는지 감이 잡히고, 푸는 방식에 익숙해질 수 있게 된다.

5

시간을 2배로 쓰는 엄마표 시간관리 전략

미래를 예측하는
최선의 방법은
미래를 창조하는 것이다.

- 알렌 케이 -

맘시생 커뮤니티에서는 이런 글이 자주 올라온다. "순 공부시간이 얼마나 되세요?" 댓글들을 살펴보면 대부분 틈틈이, 짬을 내어 공부하는 경우가 많았다. 그나마 아이가 어린이집, 유치원에 다니면 낮에 공부할 수 있지만 코로나19가 끝나지 않아 그마저도 들쑥날쑥하다. 아이가 어릴수록 늦게까지 자지 않는 경우가 많아 저녁 시간을 효율적으로 쓰기 어려운 경우도 있다. 이렇듯 어느 맘시생이나 육아나 살림으로부터 100% 자유롭지 못하기에 항상 시간에 쫓기듯 빠듯하게 공부할 수밖에 없다.

어떻게 하면 시간을 더 확보할 수 있을까? 어떻게 하면 확보한 그 시간을 치열하게 보낼 수 있을까? 안 그래도 짧은 엄마의 공부시간을 어떻게 낭비하지 않을 수 있을까? 아래에서는 엄마들이 최대한으로 시간을 확보할 수 있는 방법에 대해 다뤄보겠다.

이어폰과 포스트잇을 충분히 활용하라

아무래도 가장 기본적으로 많은 수험생이 활용하고 있는 방법일 것이다. 무선이어폰은 육아를 하거나 집안일을 할 때 혹은 장소 이동을 할 때 짬을 내어 기존에 들었던 강의를 복습할 때 활용할 수 있다. 유튜브를 통해 동기부여 영상을 봐도 좋고, 영어 단어를 암기할 수도 있다.

포스트잇은 집안 곳곳에 붙여놓아 의식적으로 주요 내용을 복습할 수 있는 장치로 만든다. 어느 정도 외웠다면 떼어내고 그날 주요 내용을 붙여놓아 한 번 더 상기시키도록 한다.

'집중력'을 최대로 끌어올려라

아무리 공부시간이 많다 해도 집중하지 않고 시간을 허비했다면 의미

없는 일이다. 남는 게 없는 공부이기 때문이다. 그러므로 하루에 '나 몇 시간 공부했어!' 하는 말에 위축될 필요가 전혀 없다.

간혹 스터디를 하거나 개인 SNS에 기록용으로 스톱워치를 이용해서 하루 공부 시간을 인증하는 경우도 있는데, 공부 시간만 봐서는 집중력이 전제되어 있는 공부인지 아닌지 가늠할 수 없다. 즉, 공부 시간에 비해 얼마나 알차게 공부했는지를 파악하기 위해서는 공부 시작 전 할당량(목표)을 정하고 공부를 마칠 때 그 목표를 얼마나 달성했는지를 체크하는 것이 훨씬 효과적이다. 당연히 목표는 과목별로 구체적이어야 하고, 달성 가능한 것이어야 한다. 그렇다면 어떻게 집중력을 최대치로 끌어올릴까?

① 순간 집중력을 최대로 끌어올릴 수 있는 장소를 정하라. 그리고 루틴을 정하라.

하루 중 가장 주력으로 삼아야 할 시간에는 최대한으로 집중할 수 있는 장소로 이동한다. 집안의 특정 공간도 좋고 도서관 스터디카페도 좋다. 방해되는 요소는 모두 치운 뒤, 공부에만 집중할 수 있게 환경을 조성한다.

그다음, 루틴(Routine, 정해진 일과의 순서, 같은 일련의 동작을 반복함)을 정한다. 예를 들어 책상에 앉자마자 영어 공부 시작 전에는 영어 단어를 외우고 국어공부 시작 전에는 한자, 사자성어를 읽는 것으로 공부를 시작할 수 있다. 그다음엔 강의를 듣거나, 복습하는 등 이후에 할 공부는 그때그때 달라질 수 있겠지만 자리에 앉자마자 목표를 쓰고, 무언가를 복습하고 시작하는 것은 체화될 수 있도록 반복한다.

이는 다른 길로 새는 것을 막아주고, 짧은 시간 동안 그날 해야 할 내용에 순간적으로 몰입할 수 있게 해준다. 즉 잠깐 핸드폰을 들여다보거나 책상을 정리하다가 어느새 훌쩍 시간이 지나가 있게 되는 것을 방지하는 것이다. 루틴은 스스로가 기억하고 있는 최적의 컨디션으로 향하게 하는 지름길이다. 여러 생각할 필요 없이 자연스럽게 몸이 반응하게 만들자.

② 목표는 구체적이고 달성 가능한 것으로 세우되, 가장 중요한 것부터 한다. 공부를 마칠 땐 항상 체크한다.

'오늘 하는 데까지 최대한 많이 해야지.'라고 다짐하며 목표 없이 하다 보면 많은 양을 공부할 때도 있지만, 의외로 흐지부지하게 끝나고 마는 경우도 많다. 하루에 공부시간이 얼마나 확보될지 모르는 경우일수록 자리에 앉은 순간, 해야 할 분량을 정확하게 인지하고 달성해나가는 것을 습관화해야 한다.

예를 들어 국어공부를 한다면, 책상에 앉은 순간 아래처럼 세부 목표를 먼저 떠올린 후 공부를 시작한다.

- 사잇소리현상 정리
- 통사적/비통사적 합성어 구분
- 관련 기출문제 풀기

"개구리를 먹어라!(Eat the frog!)"라는 말을 들어본 적이 있는가? 뜬금없이 왜 개구리를 먹어야 하는 건가 싶지만, 여기서 개구리는 해야 하는 일 중 중요하지만 어려운 것, 지금 처리하지 않으면 미룰 게 뻔히 보이는 것을 의미한다고 한다.

이는 『톰소여의 모험』을 쓴 미국 소설가 마크 트웨인의 어록에서 볼 수 있다.

Eat a live frog first in the morning, and nothing worse will happen to you the rest of the day.

아침에 살아 있는 개구리를 제일 먼저 먹어라. 그러면 그 나머지 시간에는 그보다 더 나쁜 일은 일어나지 않을 것이다.

즉, 가장 싫고 끔찍한 일부터 해치운다면 더 수월하게 나머지 일을 진행시킬 수 있다는 말이다. 이는 공부하는 데에도 적용시킬 수 있다. 아니, 아주 명확히 들어맞는다. 공부 초반에는 강의 위주로 지식을 주로 넣는 공부를 하겠지만, 공부 후반으로 갈수록 테마 중심, 키워드 중심으로 공부할 것을 추천한다.

그런데 막상 하다 보면 당연히 해야 하지만 꼭 하기 싫은 부분이 등장하기 마련이다. 이미 한번 무슨 내용인지 배웠는데 도통 이해가 가지 않거나, 암기해야 하는 부분이 지나치게 많을 때는 나도 모르게 제일 나중에 하려고 했었다. 다시 말해서 상대적으로 이해하기 쉽고 간단한 내용부터 먼저 하려고 했고, 까다로운 부분은 가장 나중에 하자고 의도적으로 미룬 것이다.

하지만 이러한 습관은 좋지 않다. 다가가기 쉬운 내용으로 공부를 시작한다면 마음은 편하겠지만 이 부분에 시간을 많이 할애하게 되어 정작 어렵지만 중요한 내용을 공부할 때 많은 시간을 쓸 수 없게 된다.

공부는 하기 싫은 내용과 마주함의 연속이다. 간혹 공부할 때 속도감이 붙어 재밌고, 이대로만 공부하면 왠지 좋은 결과가 있을 것처럼 긍정적인 기운이 느껴지는 날이 있다. 하지만 이런 날은 많지 않다. 오히려 시간에 쫓기며 하기 싫지만 억지로 해야 하는 것처럼 느낄 때가 많다. 그런 순간순간들을 참아내고 극복하는 횟수가 모여서, 과정이 모여서 좋은 결과로 이끈다.

하기 싫어서 몸이 배배 꼬이는 순간, 극복할 수 있는 자신만의 여러 방안을 가지고 있으면 좋다. 커피를 한 잔 마시고 시작하든, 찬바람을 한번 쐬든 심호흡 한번 하고 살아 있는 개구리와 마주하자. 매일 오늘의 개구리는 무엇인지 생각해보고, 이 개구리 먼저 해치울 때 조금씩 실력이 느는 것을 경험할 수 있을 것이다.

티칭 훈련, 아이에게 지식을 전달하라

아이는 본능적으로 엄마를 찾는다. 다른 이와 시간을 보내는 것보다 엄마와 노는 것을 좋아하며 엄마가 읽어주는 책을 더 좋아한다. 엄마 목소리에 편안함과 안정감을 느끼기 때문이다. 이러한 내용을 담고 있는 육아서가 있어 공부하면서 적용해도 좋겠다 싶어서 소개한다. 바로 샐리 워드의 『베이비 토크』라는 책이다.

저자는 '평생학습 능력의 기초를 쌓아주는 만 0~4세 하루 30분 말 걸기 육아에 관한 책'이라고 소개하고 있다. 아이가 말을 어느 정도 알아듣고, 조금씩 표현을 하는 나이 때는 당연히 아이와 대화를 나누며 시간을 보낼 수 있지만, 갓난아이이거나 아직 너무 어린 경우에는 아직 대화하긴 무리일 것이다.

이 시기의 아기를 둔 엄마들은 오늘 배운 내용, 혹은 어제 공부한 내용을 아기에게 말 거는 식으로 풀어내면 엄마의 목소리, 리듬, 박자를 들려줄 수 있기에 아기한테 좋다, 동시에 배운 내용을 다시 점검할 수 있어서 엄마한테도 좋다.

눈으로 책 내용을 보거나 강의를 듣는 것은 쉽지만 내 입으로 풀어내 말하는 것은 어렵다. 전부 외우지 못해도 책 내용을 살짝 참고해나가면서 아이에게 최대한 말해주자. 한국사의 한 일화도 좋고, 행정법의 한 판례도 좋고, 아니면 내일 공부할 계획을 말해도 좋다.

만약 아이가 더 커서 대화가 가능한 수준이라면? 그럼 상황은 더 나아진다. '엄마가 이런 내용을 배웠는데 한번 들어볼래?' 하며 얘기를 꺼낼 수도 있다. 국어시간에 배운 문학의 한 파트를 재미나게 얘기하며 아이의 흥미를 끌어낼 수도 있다.

한편『메타인지 학습법』의 리사 손 박사는 흥미로운 실험을 했다. 다음과 같이 소개해본다.

박사는 두 집단의 학생들에게 글을 제시하면서 A집단에게는 시험을 보겠다고 했고, B집단에는 이 글에 대해 다른 학생에게 가르쳐줄 준비를 하라고 말했다.

같은 시간을 준 후, 박사는 B집단에게 '가르쳐야 할 학생이 못 오게 되어 대신 시험을 본다'고 말한 후 두 집단 모두에게 시험지를 나누어주었다. 결과는 어땠을까? B집단의 성적이 훨씬 좋게 나왔다.

누군가를 가르치지 않고, 가르칠 준비를 한 것만으로도 점수가 높게 나온 것이다. B집단의 학생들은 학생이 아니라 선생님의 입장에서 글을 봤기 때문에 더 주요한 부분, 의미 있는 부분을 파악했다. 또한 내용을 정리하고 그것을 어떻게 논리적으로 잘 연결할지까지 생각하면서 훨씬 시험을 잘 볼 수 있었다.

이 부분은 상당히 중요한 내용을 암시하고 있다. 실험 결과가 말하듯 바라보는 관점에 따라 수용할 수 있는 지식과 정보의 양이 달라지는 것이다. 리사 손 교수의 경우에는 아이를 지식 전달자로 만들 것을 권했지만, 공부하는 수험생 입장에서는 공부법에 적용시켜도 아주 효율적이라고 생각한다.

즉, 공부할 때 이후에 가상의 인물에게 설명한다고 생각하고 내용을 학습한다. 이 경우 중요한 것 위주로 설명하려고 할 것이며, 자신이 이해

한 것을 바탕으로 자신만의 언어로 풀어서 설명하게 될 것이므로 기억에 오래 남고, 자기 것으로 소화시킬 확률이 높아진다.

비슷한 맥락으로 아이에게 지식을 전달하려 하면 된다. 아이가 지식을 얼마나 이해했냐가 중요한 것이 아니라, 엄마 입장에서 얼마나 그 지식을 소화하고 말하느냐에 초점을 두면 될 것이다. 물론 이 방식은 어디까지나 육아에서 벗어나지 못한, 자유롭지 않은 엄마들을 위한 필사적 대안이지 가장 효과적이거나 우선되는 공부법은 아닐 것이다. 그럼에도 불구하고 공부의 흐름을 놓치지 않으려는 방법 중 하나라고 생각하고 실천해보면 좋을 것이다.

6

슈퍼우먼 증후군에서 벗어나는 방법

큰 희망이
큰 사람을
만든다.

- 토마스 풀러 -

'슈퍼우먼 증후군'이란 여성들이 주부의 역할과 직장에서의 역할을 모두 잘 해내려고 하는 증상이라고 한다. 즉, 모든 일에 너무 완벽해지려고 지나치게 신경을 쓴 나머지 번 아웃되며 지속적인 감정소모를 겪는 등 여러 질환을 야기하기도 한다.

워킹맘이 직장에서의 역할, 엄마로서의 역할을 모두 충족해야 하는 강박감에 여러 스트레스를 받는다면, 엄마 공시생 역시 수험생으로서의 역할, 엄마로서의 역할을 이중적으로 수행하기에 부담스러운 것은 사실이다. 심지어는 일도 병행하며 공부하는 분들도 있으니 그야말로 쉽지 않은 여정이다.

이런 시기일수록 모든 역할을 완벽히 수행해야 한다는 생각을 버리고, 자신에게 너그러워질 필요가 있다. 꼭 해야 하는 우선순위만 남겨두고 그 나머지는 허용적인 태도로 대안을 찾거나 가능하다면 도움을 요청하는 것도 방법이다. 아래에서는 어떠한 사고방식이 도움이 될지 살펴보겠다.

공부하는 시기만큼은 집안일을 최대한 내려놓아라

내가 좋아하는 작가이자 여성학자인 박혜란 작가의 『믿는 만큼 자라는 아이들』에는 이런 이야기가 등장한다.

"집은 사람을 위해 존재하는 것이지, 사람이 집을 위해 존재하는 것은 아니다."

그리고 스스로 이렇게 선언했다고 한다. 집을 위해 살지 않고 아이를 위해 살겠노라고. 박혜란 작가 특유의 털털한 성격이 묻어나는 말이다.

어머니가 너무 깔끔하면 아이는 상상력이 빈곤해진다고 했다. 인간의 상상력은 어질러진 공간에서 마음껏 피어날 수 있기 때문이다. 작가님도 이런 실상을 두고 "당신은 아이들에게 영감을 불어 넣을 줄 아는 어머니입니다." 하는 소리를 들었을 때 소가 뒷걸음질 치다가 쥐를 잡는 격이라며 민망해하셨다지만, 독자인 나의 입장에서는 그렇게 반가울 수 없었다.

아는 분들도 많겠지만, 아들 3명 모두는 서울대를 나왔다. 학벌이 다는 아니지만, 세 아들 모두 각기 다른 분야에서 창의성을 발휘하는 일을 하고 있다. 그중 한 명은 우리가 알고 있는 가수 이적이다. 결과적으로 자식들이 모두 창의적인 일을 하는 셈이므로 어느 정도 설득력이 있다고 생각한다.

집안일을 내려놓자고 얘기했을 때 어느 정도 받아들이는 엄마들이 있는가 하면 성격상 도저히 그건 용납할 수 없다고 하는 엄마들도 있다. 그 마음을 모르는 것은 아니나, 실행하기 어렵다면 아이들의 창의성을 발휘할 수 있게 일종의 프로젝트를 한다고 마음먹어보자. 평생 그렇게 하는 것도 아니고, 시험에 합격하기 전 딱 그때까지이다. 집안이 어질러지는 게 싫다면 더 빨리 수험생활을 줄여야 할 수밖에 없고, 또 하나의 동기부여 요인이 생긴 셈이다.

지금 이 시기만큼은 집안이 조금 더럽다고, 밥을 좀 사 먹는다고 해서 죄책감을 가지지 않았으면 한다. 조금은 매몰차더라도 이 시기가 지나 합격으로 보답하겠다는 마음으로 굳게 끊어내어야 한다. 집안일에 신경 써서 합격의 시기를 늦추는 것보다는 가족들이 조금 불편하더라도 합격 으로 보상하는 게 장기적으로 봤을 때 훨씬 이득이다.

최대한으로 조력자를 만들어라

가장 큰 지지를 해주었으면 하는 사람은 바로 남편일 것이다. 심적으 로 공부가 안될 때 의지할 수 있는 대상이자, 엄마들의 역할을 조금이라 도 대신할 수 있는 사람이기 때문이다. 그런데 남편의 도움을 전적으로 받아 공부한 수험생도 있지만 상대적으로 드물고, 기대와 달리 주위 엄 마 수험생들은 생각보다 큰 도움을 받지 못한다고 했다. 그럼에도 불구 하고 남편은 같이 수험생활을 견디는 조력자임은 확실하다. 서로의 상황 을 충분히 이해하고 최소한이라도 도움이라도 받도록 하자.

실패할 게 두려워서 혹은 지지를 받지 못할까 봐 공부하고 있는 사실을 말하지 않는 수험생들도 있다. 하지만, 오히려 주위 사람에게 알려야 더더욱 열심히 하려는 의지가 샘솟고, 말로만 하는 사람처럼 보이지 않으려고 한 번 더 애쓴다. 합격 후에 물질적으로나 비물질적으로나 보상하겠다는 마음으로 가족들에게 도움을 청한다.

또한 기관의 도움을 최대로 받도록 하자. 맘시생 자녀의 연령에 따라 기관이 다르겠지만, 아이가 어린이집, 유치원, 학교, 혹은 학원에 있는 시간이야말로 가장 자유로운 상태에서 공부할 수 있는 시간이기 때문이다. 이렇게 평상시에는 각자의 시간을 보낸다면 반대로 주말을 이용해 가족들과 충분히 교감하며 함께 있는 시간을 갖도록 한다.

마지막으로 추천하고 싶은 것은 '공동육아'이다. 아이의 연령에 따라 방식은 조금 다르겠지만, 어쨌든 주변 엄마들과 육아를 같이 하며 공부할 수 있는 시간을 만들어볼 수 있다. 서로의 집을 오고 가며 번갈아서 육아를 하거나, 아니면 아이가 집에서 친구와 같이 시간을 보내고 있는 시간을 활용한다면 더욱더 시간을 효율적으로 쓸 수 있다.

3장

합격의 지름길, 6가지 핵심 비법

1

국어 : 비문학을 베이스로, 문학, 어휘, 문법까지 꽉 잡아라

성실함의 잣대로 스스로를 평가하라,
그리고 관대함의 잣대로
남들을 평가하라.

- 존 미첼 메이슨 -

국어의 경우 출제 유형별로 문법, 문학, 비문학, 어휘(한자, 사자성어) 이렇게 나눌 수 있다.

20문제 기준으로 문법 4~5문제, 문학 3~6문제, 비문학 2~8문제, 어휘 2~4문제 정도 출제되며, 최근 비문학의 비중이 높아지는 추세이다.

아래에서 파트별로 살펴보자.

1) 비문학

평소에 글을 많이 접해본 수험생이라면 아무래도 비문학이 더 수월하게 느껴질 수 있다. 설사 그렇지 못했더라도 기출문제를 통해 비문학 지문의 유형을 파악한 후 유형에 맞게 어떤 식으로 접근해야 할지를 분석하는 것으로 시작하면 된다.

다만 유의해야 할 것은 앞서 언급했다시피 비문학의 비중이 높아지고 있다는 점이다. 글의 내용 및 주제를 파악하는 훈련을 반복하도록 하는데 이러한 훈련은 비단 비문학에만 유용하게 쓰이는 것이 아니라 다른 파트에도 도움이 된다. 특히 처음 보는 문학 지문을 읽을 때도 평소 추론하는 연습을 했을 때 내용 파악이 쉬워지는 것이다. 그러므로 비문학 파트를 문제를 통해 감을 익힌 후 암기나 이해가 필요한 다음 파트까지 영역을 넓혀서 공부하는 것이 효율적이다.

2021년 국가직 9급 문제로 문제 유형을 살펴보자면, 설명 방식 찾기, 부합하는 사례 찾기, 전개 순서 맞추기, 적절한(하지 않은) 설명 찾기, 빈칸 추론하기 등으로 나눠진다. 가장 많이 등장하는 유형은 박스형 지문을 주고, 지문을 토대로 추론한 보기가 일치하는지 아닌지를 묻는 유형이다. 즉, 내용을 제대로 이해했나를 물어보는 것이므로 똑같은 단어, 문장으로 표현하지 않았어도 같은 맥락의 말인지 아닌지를 구별할 수 있어야 한다. 즉, 추론(이미 알려진 정보를 근거로 삼아 다른 판단을 이끌어 내는 것)을 잘할 수 있어야 비문학 문제를 잘 풀어낸다. 이러한 능력을 단시간에 높이기 위한 훈련 방법은 다음과 같다.

우선 비문학 지문을 읽을 때는 한 문단씩 읽어 내려가며 키워드에 동그라미 표시를 한다. 그리고 접속어에는 세모 표시를 하면서 뒤에 나올 내용에 집중하여 읽어 내려간다. '또한, 한편, 그러나, 이에 비해' 등의 접속어를 통해 뒤에 나오는 내용이 어떤 내용일지를 예측하는 것이다. 부가 설명을 하려는 것인지, 대조되는 내용을 말하려는 것인지, 비교를 하려는 것인지 등을 파악한다.

그리고 기출문제를 분석할 때는 각 문단마다 키워드가 포함될 수 있도록 짤막하게 제목(또는 주제)을 자기 언어로 표현해본다. 처음에는 시간이 좀 걸리더라도 문단의 핵심 내용을 직접 써보는 것이 좋다.

즉, 기출문제를 풀어봤을 때 왜 이 보기가 답이고 왜 다른 보기가 답이 아닌지를 설명해내는 것으로 끝내는 것이 아니라, 지문 전체를 다시 읽어 보고, 각 문단에서 말하려는 것이 무엇인지까지 꼼꼼하게 분석하는 것이다. 물론 처음에는 시간이 오래 걸릴 것이다. 하지만 몇 번 반복해서 하다 보면 문제마다 일정한 패턴이 있다는 것을 알 수 있다.

2) 문학

시기에 따라 고전문학, 현대문학으로 나눠볼 수 있고, 장르별로는 시, 소설이 대표적으로 출제된다. 문학의 경우에는 출제된 작품이 한 번이라도 접했던 작품이냐 아니면 처음 보느냐에 따라 체감하는 난이도가 달라지고, 문제를 푸는 데 소요되는 시간도 다르다.

특히 고전문학의 경우 아무래도 더 낯설기 때문에 공부 초기에 한 번씩 강의를 통해 정리할 필요가 있다. 기본강의를 수강한 후 같은 작품을 다른 선생님의 강의를 통해 한 번 더 들어보니 훨씬 지루함이 덜했다. 가령 관동별곡, 기미독립선언서, 가사 등은 시험이 다가올수록 보는 것이 부담스러울 수 있으므로 미리 공부해두길 추천한다.

처음에는 편하게 듣고 필요한 내용만 필기해둔 후, 몇 달 지나고 다시 필기한 내용을 토대로 읽어만 보아도 막상 출제될 때 당황하지 않고 문제를 풀어낼 수 있다.

하지만 현대문학의 경우에는 처음 본 작품이 출제될 가능성이 높다. 이때 주제를 파악하는 문제라면 소설이든 시이든 문장 간 유기적 관계를 잘 해석해서 저자가 말하고자 하는 내용을 최대한 이끌어낸다.

중요한 것은 특정 용어의 의미에 대해 명확히 알고 있어야 한다는 점이다. 가령 시의 특징을 묻는 문제에서 설의법, 반어법, 대유법, 돈호법 등의 용어를, 소설의 특징을 묻는 문제에서는 서술, 묘사, 의인화, 해학적 표현, 간접 제시, 액자식 구성 이런 용어의 의미를 알고 있어야 한다. 그래야 지문을 통해 옳고 그른 것을 가려낼 수 있다.

3) 어휘(한자, 사자성어 등)

나의 경우 어휘나 한자, 사자성어는 선재국어 4권을 기준으로 매일 두 쪽씩 정해진 페이지 수를 읽었다. 마치 영어 공부하기 전에 영어 단어를 보고 시작하는 것과 마찬가지로 루틴으로 만들어 생활화했다.

이 내용은 얼핏 봐도 범위가 넓어서 처음부터 보지 않는다면 시간이 지날수록 포기하자는 마음이 커지기 쉽다.

하지만 계속 노출을 해준다면 그렇게 방대하게 느껴지는 것도 어느 순간 익숙해진다. 정확한 뜻은 몰라도 대략 부정적인 어감인지 아닌지가 느껴지며, 사자성어도 대략적인 뉘앙스가 느껴지게 되는 것이다. 그러므로 한번 공부할 때 많은 시간을 들여서 암기하려 하지 말고, 하루에 한두 페이지 정도 적정 분량을 정한 뒤 계속 읽자. 끝까지 읽었다면 다시 앞으로 와서 회독을 늘려간다.

한글 맞춤법, 표준어를 포함하여 어휘나 한자 관련한 문제를 풀고 오답 체크까지 할 수 있는 퀴즈 앱들이 있다. 앱을 활용하여 문제를 맞히는 연습을 한다면 굳이 스터디에 참여하지 않아도 되기에 시간과 에너지를 절약할 수 있다. 틀린 문제는 기본서에 체크하도록 하고 다음에 볼 때 한번 더 유의해서 보는 식으로 눈에 많이 익힌다.

4) 문법

마지막으로 제일 암기할 사항이 많아 어렵게 느껴지는 문법에 대해 살펴보자. 문법은 크게 음운론, 형태론, 통사론, 의미론, 담화론으로 나누어볼 수 있다. 크게 분류했다면 그 안에서 어떤 내용을 봐야 하는지를 추려 그 내용부터 머릿속에 넣는다. 최근 3개년 정도 기출문제 분석을 했다면 어느 부분에서 자주 출제되었는지 파악이 되었을 것이다. 이런 부분 위주로 확실하게 내 것으로 만드는 연습을 계속한다.

예를 들어 자/모음 표는 안 보고 쓸 수 있도록 하고, 음운 변동 양상에 대해 학습할 때에는 어떻게 발음되는지 보지 않고 직접 써보고, 교체 · 동화 · 축약 등 어느 유형에 속하는지까지 유의해서 본다. 띄어쓰기를 연습할 때에는 직접 문장을 써놓고 띄어쓰기 표시를 해보고 실제로 답과 비교해서 맞았는지를 살펴본다. 표준어규정이나 한글맞춤법을 볼 때에는 눈으로 훑는 것보다 직접 손으로 단어를 반복해서 쓰는 것이 효과적이다. 그 형태를 기억하게 되므로 단어가 이미지화되어 문제 풀 때 더 수월하다.

각 단원별로 강의를 통해 이해하는 과정을 거쳤다면 바로 문제 풀이로 넘어가야 한다. 구체적으로 어떻게 문제로 나오는지, 이론이 어떻게 적용되는지 파악해야 어느 부분을 알고 어느 부분을 모르는지 알 수 있기 때문이다.

2

영어 : 최빈출 포인트를 집중 공략하라

신은 우리가 성공할 것을
요구하지 않는다.
우리가 노력할 것을 요구할 뿐이다.

- 마더 테레사 -

영어는 다른 과목에 비해 어려움을 토로하는 수험생이 비교적 많다.

마지막까지 다른 과목에 비해 점수가 안 나와 고민하는 수험생이 있는가

하면 영어 때문에 아예 공무원 시험 시작을 꺼리는 사람도 있다.

한편 공무원 시험 영어 과목에 대해 흔히들 이렇게 얘기한다.

"영어 잘하면 먹고 들어간다."

사실 100% 틀린 말은 아니다. 영어 베이스가 있는 사람이 아무래도 최소한 영어 과목에 관해서 진입장벽을 낮게 느끼고 상대적으로 다른 과목에 투자할 시간을 확보할 수 있기 때문이다.

나 역시 9급 공무원으로 진로를 변경할 때 영어가 있어 상대적으로 유리하다고 생각했었다. 하지만 오산이었다. 처음부터 모의고사나 기출문제를 풀었을 때 안정적인 합격 점수가 나왔으면 얘기가 달랐겠지만, 이상하게도 어휘에서, 문법에서, 독해에서 골고루 틀렸다.

정말이지 그간 내가 영어를 공부했다는 것이 믿기지 않았고 어디 가서 말도 못 할 정도로 창피했다. 기출문제를 풀어보니 생소한 단어가 있었고, 그로 인해 독해 시간이 오래 걸려 어렵게 느껴졌다. 또한 문법도 제대로 정리된 느낌이 들지 않았다.

그런데 이런 경험을 나만 겪었던 것은 아니고, 토익 등 다른 시험에서 점수가 잘 나왔던 이들도 생각보다 공무원 영어에서 점수가 잘 안 나온다고 했다. 결국 영어를 조금 해왔다고 생각한 수험생조차 방심한다면 영어점수의 편차가 심해질 것이다. 그러므로 자신의 실력을 점검해보고, 시험 유형에 맞게 꾸준히 훈련하는 기간이 필요하다. 베이스가 없다 해서 지레 겁먹을 필요는 없다. 강의의 도움을 받아 조금씩 매일 한다면 확실히 처음보다 나아지고 있음을 느낄 수 있을 것이다.

나의 경우에는 이렇게 생각을 바꿨다.

'내 영어 실력이 부족한 것을 일단 인정하자. 다시 공부할 때 문법은 전반적으로 꼼꼼하게 공부하고, 독해는 유형별로 연습해야겠다. 단어는 공무원 시험 특유의 단어가 종종 나오니 방심하지 않게 공부해야겠다.'라고 말이다.

그렇게 좀 더 자신에게 솔직해지자 어디서부터 시작해야 할지가 눈에 들어왔다. 단어를 꾸준히 보기 시작하니 조금씩 자신감이 생기기 시작했고, 독해 역시 처음보다 조금 수월한 느낌이 들었다. 문법도 기초부터 다시 본다는 마음으로 정리해나갔다. 그전에는 다른 과목이 더 급하게 느껴져 매일매일 공부하지 않았는데, 감을 잃지 않기 위해서라도 매일 지문을 읽으려 노력했다.

아래에서는 어휘, 문법(어법/구문), 독해 이렇게 파트별로 나눠 세부적으로 얘기해보려 한다. 출제되는 비율은 보통 20문제 중 어휘 4문제, 문법 4~5문제, 독해 9~10문제, 생활영어 2문제이다.

1) 어휘(단어, 숙어, 생활영어를 함께)

어휘는 문법, 독해의 기본이기에 계속 점검해야 할 부분이다. 점수는 20점으로 상당한 비중을 차지한다. 단어, 숙어 그리고 생활영어까지 통으로 엮어 매일매일 체크해나가는 것을 추천한다.

책은 『보카바이블』로 정해서 진도표 일정대로 외워나갔다. 처음부터 작은 글씨까지 볼 순 없었고, 일단 큰 단어부터 모르는 것이 없도록 1회독 한 다음 다시 돌아와서 동의어를 추가해서 외우고 하는 식으로 범위를 확장시켜나갔다. 꼭 이 책이 아니어도 좋다. 특정 강사님의 단어집도 괜찮고 오프라인 서점에서 보고 구성이나 짜임새가 보기 쉬운 것으로 선택해도 좋다.

수능이나 토익 등 다른 시험을 위한 단어장보다는 공무원 시험 단어장을 택하는 것이 아무래도 효율적이지만, 혹시 모르는 단어가 지나치게 많다면 본격적으로 공부할 때 막막해져 자신감이 없어지게 되므로, 이럴 땐 보다 쉬운 고교 영어 단어, 숙어를 먼저 익힌 후에 공무원 기출 단어장을 보는 것을 더 추천한다.

단어 하나하나를 따로따로 외울 때보다는 접두어, 접미어별로 파생되는 단어를 함께 묶어서 암기할 때 많은 단어를 함께 외울 수 있어 보다 효과적이었다. 많은 강사님이 소개해주시는 방식이다.

가토 나오시의 『유대인 영어 공부법 : 뇌가 저절로 기억하는 영어 공부의 왕도』에서도 어휘를 폭발적으로 늘리는 방법으로 이 방식을 꼽았다. 잠깐 소개한다.

의미를 추리하는 단서가 되는 영어 단어의 파트는 세 가지다. 단어의 선두에 붙는 접두사(접두어), 단어 의미의 중심이 되는 어간(어근), 그리고 단어의 마지막에 오는 접미사(접미어)다. 접두사, 어간, 접미사의 지식을 총동원해서 새로운 단어를 늘려가야 한다. 일례로 disclosure이라는 단어를 보고 무슨 뜻인지 바로 대답할 수 있는가? 이 단어는 dis-[반대]와 close[닫다], 그리고 -ure[명사화 (~라는 것)]의 파트로 구성되었으므로 닫지 않는 것, 즉 폭로, 발각, 발표, 공개라는 의미다.

접두사를 많이 알고 있다면 설사 모르는 단어가 나오더라도 일정 부분은 유추 가능하다. 그리고 단순히 영어 단어와 뜻만 적지 않고, 그 단어가 포함된 문장을 간단히 메모하여 참고할 수 있도록 했다. 그럼 기억하기에도 쉽고, 독해연습까지 같이 될 수 있어 유용했다.

따로 시간을 내어 어휘에 투자하기에 시간이 부족하다고 느낀다면 공부 시작 전이나 끝날 때 또는 포스트잇에 옮겨 다른 이동 시간이나 집안일을 할 때 바짝 암기하는 것이 좋다.

2) 문법(어법/구문)

제일 중요한 것은 문법이다. 문법을 알아야 문법 문제도 맞히고 독해 문제도 맞힐 수 있다. 문법이 흔들릴 경우 대충 해석해서 찍을 수밖에 없는데 이런 식으로 하면 영어점수가 불안정해지고 다른 나머지 과목에까지 부정적인 영향을 줄 수 있다.

문법의 경우 어법과 구문으로 나누어서 생각해야 한다. 어법이란 단어나 특정 어구들의 세부적인 형태를 의미한다. 국어에서 자음동화, 모음동화와 같은 음운법칙을 통해 단어의 형태가 변하는 것처럼 영어 또한 단어나 표현들이 위치에 따라 특정한 형태로 변하게 된다. 대표적으로는 동사의 태, 수, 시제를 예로 들 수 있고, 의미 파악보다는 표현이 맞는지 틀린지를 구분하는 것이 핵심이다.

다음 예를 살펴보자.

*His plan for the smart city was worth considered.

'~할 만한 가치가 있다.'라는 뜻인 'be worth ~ing'라고 표현해야 하므로 준동사 considering을 써야 한다. 즉 해석했을 때는 계획이 고려되는 것이므로 수동의 의미이지만, 형용사 worth가 전치사처럼 쓰여 뒤에 명사형의 ing가 필요한 것이다.

구문은 '끊어 읽기'라고 생각하면 이해하기 쉽다. 구문 학습은 문장의 전반적인 구조를 파악하기 위한 학습으로 개별 문장의 의미를 파악하기 위한 것이다. 구문을 파악한다면 문장의 해석이 쉬워지므로 자연스럽게 독해 실력이 향상된다.

즉 구문이 숲에 초점을 두는 것이라면 어법은 숲보다는 나무 하나하나를 주목하는 것이다.

영어를 처음 접하는 사람일수록 어법보다는 구문을 더 먼저 학습해야 한다. 구문으로 문장의 구조를 전반적으로 파악할 수 있기에 어법 학습을 할 수 있는 밑거름이 된다. 예시를 살펴보자.

*The food you eat / obvious affect / your body's performance.

당신이 먹는 음식은(주어) / 명백히 영향을 미친다(동사) / 당신의 신체 활동에(목적어)

the food와 you eat 사이에 목적격 관계대명사가 생략되어 있는 형태로 the food가 주어가 되며, 동사 affect를 수식해주는 부사 obviously가 와야 한다. 2017년도 국가직 문제로, obvious(형용사)로 쓰여 틀린 문장이었다. 이처럼 주어, 동사, 목적어, 부사구 이런 식으로 큰 덩어리로 끊어서 문장 내에서 어떤 역할을 하는지를 찾아낸다.

결론적으로는 숲에 해당하는 구문을 먼저 이해하고 파악하는 연습을 하고 나서 나무에 해당하는 어법을 암기하는 식으로 접근하는 것이 가장 좋다.

구문을 학습할 때에는 해석이 안 되는 문장을 노트에 따로 적어서 문장의 구조를 나눠보고 나름대로 해석한 후 해설지와 비교하도록 한다. 처음에는 일일이 한 문장씩 적어보느라 시간이 많이 걸리지만 계속 반복해서 연습한다면 나중에는 따로 적지 않아도 문제지 위에 바로 구조분석을 하여 시간을 단축할 수 있을 것이다.

어느 정도 구문 즉, 문장구조를 파악하는 것에 익숙해졌다면 어법을 본격적으로 공부한다. 어법을 오랜만에 접하는 수험생이라면 학창 시절에 공부한 방대한 양이 생각나서 고개가 절로 흔들릴 수도 있을 것이다. 하지만 제일 중요한 것부터 먼저 하고, 나머지를 추가한다고 생각하면 조금 더 접근하기 쉽다. 시제, To 부정사, 동명사, 품사 구분, 관계대명사, 가정법 등 매번 등장하는 큼직큼직한 것부터 정리하도록 한다.

어법을 정리할 때에 막막하다면 기본강의의 도움을 받아 하나씩 정리하고 가기를 추천한다. 그다음 기출문제를 풀어보고 틀린 문제와 관련된 내용을 추가적으로 공부한다. 즉 문제를 풀어보고 틀린 문제에서 물어보는 포인트를 정리하면 되는 것이다.

영어 또한 다른 과목처럼 모든 내용을 습득한 후 문제를 풀려고 하지 말고, 기출문제에서 주요 묻는 내용을 먼저 확인하고 그것부터 정리해나가는 식으로 범위를 한정해서 공부하도록 한다.

그런 의미에서 강의도 처음부터 끝까지 순서대로 듣지 않아도 된다. 관계대명사나 분사, 가정법 등등 특정 내용을 몰라 자꾸 틀린다면 그에 대한 강의를 먼저 수강하여 어떤 패턴으로 문제가 나오는지, 함정은 주로 어디에 있는지를 중점적으로 보고, 다른 강의로 넘어가면 된다.

또한 최빈출 포인트를 공부하되, 오답 패턴을 같이 묶어서 공부한다. 즉, 수험생이 함정에 빠질 것 같은 매력적인 오답이 어떻게 만들어지는지를 유심히 관찰한다. 모든 내용을 따로 정리할 필요는 없지만, 포인트 별로 문장을 쓰고, 헷갈리지 말아야 할 함정을 함께 정리하여 해당 내용이 나왔을 때 무엇을 묻는 문제인지 출제자의 의도를 정확하게 인지하도록 한다.

특히 요즘에는 단순히 문법만을 묻기보다는 독해까지 함께 묻는 문제가 많아지는 추세이므로 맥락 안에서 해석하며 문법을 공부하도록 해야 할 것이다.

공부 초반에는 시간 내에 풀어내야 한다는 강박관념을 가지기보다는 시간이 초과하더라도 천천히 풀되 집중해서 아는 것과 모르는 것을 분별할 수 있도록 하는 것이 중요하다.

아는 것과 모르는 것을 분별할 수 있는 능력은 바로 '메타인지'라고 한다. 리사 손의 『메타인지 학습법』에서는 메타인지를 키우려면 자기 자신의 상태를 스스로 판단하는 과정을 겪어야 한다고 말한다. 그녀는 메타인지를 만들기 위한 과정을 근육을 키우는 과정으로 비유하며 몸의 근육을 키우기 위해서는 자신의 몸에 맞는 운동, 다시 말해 자기 상태에 맞는 운동을 해야 한다고 주장한다.

특히 무언가를 배우는 것(learning)보다 배우는 방법을 배우는 것(learning to learn)을 메타인지의 기술이라 일컬으며 이는 학생뿐만 아니라 성인에게도 필요한 능력이라 칭한다. 궁극적으로 문제 해결법을 탐색할 수 있는 능력을 키워 다른 문제에 직면하더라도 해결할 수 있는 방안을 생각해낼 수 있다고 주장한다.

이를 염두에 둔 채 공부법에 적용해본다. 아는 것과 모르는 것을 일단 구별했다면, 그 이후에는 어떤 효과적인 방법으로 모르는 것을 알아갈 것인지를 고민해보자.

해설 풀이를 할 때는 모르는 단어는 먼저 찾아서 정리해두고 해설서를 참고하여 왜 틀렸는지를 분석한다. 이때 개념 정리가 필요한 문장은 노트에 정리하는 데 노트를 반으로 접어 왼쪽에 문장을 적고 오른쪽에 ○, ×와 풀이를 적는다.

이는 당장 그 순간에는 아는 것 같으나 시간이 지난 후에는 다시 잊게 되는 현상을 방지하기 위한 것이다. 이 과정을 몇 번 거치며 왜 이 문제를 틀렸을까를 생각해보면 자연스럽게 출제자의 의도를 파악하는 데까지 이를 수 있다. 정리하는 과정에서 놓친 포인트는 추후에 문제를 풀 때 유념해야 할 부분이 되는 것이고, 이 연습을 통해 자연스럽게 문제풀이 능력이 향상된다.

물론 이를 위해서는 정리한 노트를 주기적으로 다시 봐야 한다는 전제 조건이 있다. 정리하는 데만 급급하고 다시 보지 않으면 소용이 없다. 실수한 부분을 정리하고, 유형별로 분류하며 어떻게 접근해야 문제가 수월하게 풀릴지를 기억하도록 한다.

마지막으로 메타인지 판단을 하기 위한 과정을 추가해본다. 리사 손 박사가 실험했듯 한 가지 질문을 추가해보면 된다.

'시험에 이 문제가 나온다면 정답을 맞힐 자신은 어느 정도인가?'

자신감이 높으면 3점, 자신감이 없으면 1점으로 응답해본다. 그녀가 한 실험에서는 학생들이 확실히 더 많이 공부해야 한다는 문제에 선택적으로 집중해서 공부했고, 이는 스스로 메타인지를 모니터링할 수 있는 기회가 되었다. 마찬가지로 스스로 묻고 답하는 과정을 넣어 얼마나 소화가 되었는지 자문해보고 추가로 시간을 더 할애할 것인지 말 것인지를 결정하도록 한다.

3) 독해

독해 문제는 출제되는 문제의 유형이 정해져 있다. 주제(제목) 찾기, 빈칸 추론하기, 글의 순서 맞추기, 흐름이 어색한 문장 찾기, 해당 문장이 들어갈 위치 찾기, 일치/불일치 문장 찾기, 글의 분위기(심정)를 묻는 문제가 대표적이다.

독해를 할 땐 문제마다 답을 빠르고 정확하게 찾는 것을 목표로 삼아야 한다. 아무리 정확하게 해석했더라도 시간이 너무 오래 걸리면 안 되고, 아무리 빨리 답을 찾아냈더라도 중요한 단서를 미처 파악하지 못해 오답을 고르면 안 되기 때문이다. 또한 문제마다 어디에 초점을 두어야 하는지가 조금씩 다르다는 점을 숙지한다. 주제(제목)를 추론하는 문제는 처음 부분, 그리고 마지막 부분을 더 중점적으로 읽는다. 아무래도 중간 부분은 주제를 뒷받침하는 근거나 예시 등을 제시할 가능성이 크기 때문이다.

일치, 불일치 유형의 문제의 경우 다음과 같이 접근하면 수월하다. 2021년 국가공무원 9급 공채 영어시험 영어 나형을 예로 들어보겠다. (혹시 아직 기출문제를 풀지 않고 이 글을 읽는 독자가 있다면 잠깐 멈추고 기출문제를 먼저 풀고 나서 읽기 바란다. 기출문제는 사이버국가고시센터에서 출력 가능하다.)

'나' 책형의 문제 5번은 글의 내용과 일치하는 보기를 고르는 것이다. 내가 이 문제를 풀었을 때 제일 먼저 본 것은 지문이 아닌 보기 3, 4번이었다. 두 개의 문장만 읽어도 무슨 얘기를 하려는지 대략 알 수 있다.

문 5. 다음 글의 내용과 일치하는 것은?

> The most notorious case of imported labor is of course the Atlantic slave trade, which brought as many as ten million enslaved Africans to the New World to work the plantations. But although the Europeans may have practiced slavery on the largest scale, they were by no means the only people to bring slaves into their communities: earlier, the ancient Egyptians used slave labor to build their pyramids, early Arab explorers were often also slave traders, and Arabic slavery continued into the twentieth century and indeed still continues in a few places. In the Americas some native tribes enslaved members of other tribes, and slavery was also an institution in many African nations, especially before the colonial period.

① African laborers voluntarily moved to the New World.
② Europeans were the first people to use slave labor.
③ Arabic slavery no longer exists in any form.
④ Slavery existed even in African countries.

'slavery' 즉 노예제에 관한 내용이 나왔을 것이고 그중에서도 아랍 노예제, 그리고 아프리카에서의 노예제가 세부내용으로 언급되었을 것이다. 여기까지만 파악한 후 박스형 지문으로 올라간다. 그리고 마지막 문장을 읽어본다. 원래는 마지막 문장, 그리고 그 바로 앞의 문장까지 읽어보는데 여기서는 그 위의 문장이 조금 긴 거 같아서 마지막 문장 먼저 읽었다.

'and'를 기점으로 한번 끊고, 그 뒤에 나오는 내용에 주목해보자. 'slavery was also an institution in many African nations'이라는 문장을 통해 보기 4번 "Slavery existed even in African countries"가 일치하는 보기임을 골라낼 수 있다. 4번으로 체크한 뒤 일단 다음 문제로 넘어가서 풀고, 시간이 남는다면 다시 돌아와 보기 1~3번이 왜 틀린지 근거를 찾아내어 답이 4번임을 굳힌다.

물론 답이 보기 4번에 있었기에 엄청 빠르게 찾을 수 있었지, 1번에 있었더라면 4번부터 거꾸로 올라가서 찾아야 한다. 하지만, 지문이나 보기가 길수록 확실히 답이 뒤쪽에 배치된 경우가 많았다.

비슷한 맥락으로 영어 문제 중 이어질 문단의 순서를 배열하는 문제에서는 [A]가 바로 이어질 확률이 낮으므로 [B]나 [C]를 먼저 읽는 것이 시간을 절약한다는 점에서 확실히 유리하다.

이런 팁들은 참고사항이고, 가장 중요한 것은 일치하지 않다면 왜 그 보기가 일치하지 않는지, 일치한다면 나머지 보기가 왜 틀린지, 순서를 배열하는 것이라면 읽었을 때 논리적으로 이상이 없는지를 확인함과 동시에 판단의 근거를 찾는 것이다. 즉 해당 보기가 답이 될 수밖에 없는 정확한 판단의 근거를 찾고, 설명할 수 있도록 연습하자. 그래야 실수를 줄일 수 있다.

4) 하프 문제(10문제)에 관하여

아무래도 20문제 전체를 푸는 것은 체력 소모도 크고 푸는 시간, 풀이하는 시간이 부담되어 시중에 많은 강사들이 하프 문제를 제공한다. 문제의 개수를 반으로 줄여서 연습하는 것이다.

처음 입문 강의(기본강의)를 들으며 문장구조를 분석하거나 구문을 익히는 시기에는 시간이 좀 걸리더라도 꼼꼼하게 문제를 푸는 것이 좋다. 기본 실력이 쌓이지 않는 상태에서 시간을 재고 풀면 시간에 쫓겨 답을 찍는 수준에 머무르게 될 가능성이 높기 때문이다. 그러므로 초반에는 시간에 구애받지 않고 풀도록 하고 하프 문제로 연습해도 좋다. 어차피 문제 유형이 골고루 섞여 있기 때문이다.

하지만, 전반적으로 강의를 한 번씩 듣고 나서 기본 실력이 어느 정도 쌓였을 때는 20문제 한 세트를 정해진 시간 내에 풀어내는 것이 중요하다. 이렇게 쌓인 연습 경험은 시험장에서도 특정 까다로운 문제에 지나치게 시간을 허비하여 문제를 미처 풀지 못하거나 마킹 실수하는 것을 방지해준다.

미리 여러 동형 모의고사를 통해 영어 문제를 푸는 데 얼마나 걸리는지, 어떤 문제를 우선적으로 풀고 어떤 문제를 나중에 풀어야 하는지 등의 전략을 세울 수 있다. 예를 들어 어휘나 생활영어, 문법 등 단답형의 문제를 먼저 풀고 심경/분위기, 빈칸, 주제 파악 묻는 문제, 어색한 문장 찾기, 일치/불일치 문제 순으로 지문, 보기의 길이가 길어지는 문제는 나중에 푸는 것이 좋다.

시험이 다가올수록 하프 문제로는 문제 수가 적어 소요시간을 가늠하기 어렵기 때문에 20문제 전체로 연습해야 한다.

3

한국사 : 파트별, 시기별로 빈틈없이 채워라

나만이 내 인생을
바꿀 수 있다.
아무도 날 대신해줄 수 없다.

- 캐럴 버넷 -

한국사의 경우 처음 공부할 때 기본강의 전체를 다 들었음에도 불구하고, 큰 그림을 잡기가 힘들었다. 기본서를 바꾸는 것은 수험생으로서 쉬운 결정이 아니었지만, 갑갑한 마음과 두려운 마음이 커서 중간에 강사님을 바꾸게 되었다. 그런데 그것이 계기가 되어 이후 공부하는데 점수가 많이 올랐다. 너무 공부가 안되어 어떻게 해야 할지 모르는 상황이라면, 혹시 슬럼프에 빠져 다시 헤어 나오기 어렵다면 기본 강의 및 교재를 바꾸는 것도 하나의 방법이 될 수 있다고 생각한다.

바꾼 강사님은 전한길 선생님이었는데, 그분의 커리큘럼을 모두 따른 것은 아니고, 기본강의 + 필기노트 강의(무한 반복), 이렇게만 들었다.

필기노트로 단권화하라

다른 심화 강의나 문제풀이 강의를 봐야 하나 하는 생각도 중간에 들기도 했지만, 한국사 과목만큼은 필기노트 강의로 많은 도움을 받았다. 의외로 강의를 들으며 암기되는 부분도 많았고, 처음에는 놓쳤던 내용이 두 번, 세 번째 들을 때 익숙해져 암기하기에 수월했다.

다시 말해서, 필기노트 하나를 나만의 기본서로 단권화했고, 처음에는 천천히 들었지만, 익숙해지고 난 뒤에는 배속을 빠르게 하여 회독을 많이 했다. 나중에는 필기노트가 이미지화되어 어느 부분에 뭐가 있었는지 기억할 수 있어서 문제 풀이에 많은 도움이 되었다. 그런데 필기노트 특성상 지도나 그림, 다양한 사료, 문화재 사진(문화 파트) 등이 부족하다. 이 경우 나중에 다시 봤을 때 유용하게 보기 위해서 문제집이나 모의고사 지문의 자료를 오려 필기노트 해당 부분 옆에 붙여놓아 보기 편하게 만들기도 했다. 또 문제 풀고 틀렸던 내용은 기본서를 참고하여 추가해 놓았다.

그리고 기출문제를 먼저 반복해서 익숙하게 한 다음 동형 모의고사를 풀어서 부족한 파트는 없는지, 제대로 못 외운 부분은 어딘지, 새로운 사료는 없는지 다시 한번 점검하는 식으로 진행했다.

정치사를 우선적으로 보되, 시기 통합 문제 대비하라

평균적으로 전근대사가 12~13문제, 근현대사가 7~8문제 출제되며 여러 시기를 통합하여 출제하기도 한다. 구체적으로 출제 비중을 살펴보자면 정치사가 높은 비율을 차지하므로 다른 파트에 우선하여 시간 투자를 해야 한다. 그다음은 문화사, 경제, 사회사 순으로 시간을 분배하면 된다.

특히 문화사의 경우 까다로운 문제로 변별력을 높이기 위해서 많이 출제되고 있다. 다른 파트에 비해서 사진이 많으므로 글로만 정리하지 않고, 반드시 이미지와 연계하여 정리하도록 한다.

무덤, 불상, 석탑 등의 이미지를 외울 때에는 다른 것과 구별되는 특징적인 점을 잘 짚어내도록 한다. 직접 손으로 그려보면서 특징을 살려보기도 했었다. 사진을 보고 바로 명칭이 떠오르도록 시간 날 때마다 눈으로 많이 익히자.

시기별, 파트별로 번갈아서 보라

공부할 때는 한 번은 정치사, 문화사만 이런 식으로 파트별로 한번 보고 그다음 복습할 때에는 시기별로 번갈아가며 보는 것을 추천한다.

씨실과 날실로 옷을 만들 듯이 이렇게 파트별로, 시기별로 번갈아서 공부하면 빈틈을 메우기에도 좋고 관련 내용이 자연스럽게 유기적으로 연계되어 복합적으로 묻는 문제를 풀 때 유리하다. 전체와 부분을 연결시키고, 사고를 확장시키기 위해서는 다각도로 보는 연습이 필요한 것이다.

순서대로 봤을 때는 익숙한 내용도, 다른 파트에서 등장할 때는 어색하고 매칭이 잘 안 되는 경우가 많다. 일부러라도 떠올려 기본 실력을 촘촘히 하도록 하자.

스토리텔링 기법을 활용하라

역사는 흐름이라는 말을 많이 들어봤을 것이다. 시대적인 자연스러운 흐름을 머릿속에 연결시켜서 그려본다. 마치 대하드라마가 펼쳐지듯 말이다. 기본강의에서 전체적인 강의를 들었다면, 시간 순서대로 되짚어보되 인물과 사건 중심으로 이야기를 채워나가도록 한다.

암기할 때에도 이미지가 있으면 훨씬 기억하기 쉽다. 책에 나온 사진을 참고하여 하나의 스토리로 연결 지어 기억하도록 한다. 아니면 짧은 영상의 도움을 받는 것도 좋다. 유튜브도 좋고, EBS에 한국사 관련 영상들도 좋다. 머리를 식힐 겸 공부 내용과 관련된 영상을 몇 개를 보면 글자만으로 내용을 암기할 때보다 효과가 배가 된다.

예를 들어 EBS 홈페이지에 한국사로 검색하면 〈역사채널 e〉, 〈역사가 술술〉 같은 종영된 프로그램이 있다. 머리를 식힐 겸, 보는 것을 추천한다.

내용과 관련지어 적절한 두음법칙을 활용하는 것도 유용할 수 있다. 단, 지나치게 많으면 오히려 혼동을 줄 수 있으니 적절하게 사용할 수 있도록 한다.

사료를 철저하게 분석하라

그 밖에도 신경 써서 봐야 할 것은 '사료'이다. 보통 기출문제에서 5~8개 정도의 사료가 등장하는데, 출처를 적어주는 것도 있고 아닌 것도 있다.

아무리 기출문제를 통해 기본 내용을 숙지하고 있더라도, 지문에서 무엇을 묻는지를 모른다면 오답을 고를 확률이 커지거나, 정답을 맞히더라도 시간을 많이 할애해서 문제를 풀게 된다.

그러므로 사료를 보고 어떤 시기인지, 무엇에 대한 내용인지 키워드를 통해 확실한 단서를 찾아내야 한다. 그러기 위해서는 사료를 친숙하게 하도록 눈으로 많이 익히고, 새로운 사료가 나올 때마다 추가해서 정리한다. 정리할 때는 키워드 중심으로 연결 지어 같은 사료끼리 분류하도록 한다. 시중에는 사료만 엮어서 나오는 문제집들도 많다. 필요시에는 도움을 받아서 사료만으로 내용을 정리하는 것도 좋은 방법이다.

물론 사료의 범위는 방대하기 때문에 모두 정리할 수는 없다. 다만 여러 사료를 익히고 키워드 파악하는 연습을 한다면 처음 보는 사료가 나오더라도 비교적 빨리 시기나 내용을 파악해낼 수 있기에 도움이 된다.

4

오답과 핵심을 한 권에 담는 핵심노트 작성법

백만 가지 사실을
머릿속에 집어넣고도
여전히 완전히 무지할 수 있다.

- 알렉 본 -

　나의 오답노트의 역사는 긴 수험생활과 함께 시작되었다. 임용시험을 준비하던 시절, 각 학원에서 치르는 오프라인, 온라인 모의고사를 보고 나서 정리를 해야 했다. 지문이 필수적으로 있어야 해서 문제를 한 부 더 챙겨서(혹은 인쇄해서) 자르고 붙여 노트에 정리해갔다. 해설을 참고하여 열심히 내용을 적고, 모아갔다. 하지만 틀린 부분을 완벽히 이해하지 못했고 다음 시험에서 또 틀렸으니, 결국 나의 오답노트는 '오답노트'의 역할을 제대로 하지 못한 셈이다.

공무원 시험을 준비하며 막상 오답노트를 또 하려니 이건 시간 낭비에 에너지 소모만 될 것 같았다. 한 번 치른 시행착오를 되풀이하고 싶진 않았다. 그래서 애초에 문제를 자르고 붙이는 행위는 단 한 번도 하지 않았다. 그리고 문제집(기출문제집, 동형 모의고사)에 최대한 해설을 꼼꼼하게 적으며 복습하는 효과를 냈다.

즉 노트에 따로 적지 않고 문제집 여백에 관련 내용을 정리하고 틀린 건 왜 틀렸는지 해설서를 보고 꼼꼼하게 적어 내려갔다. 추가적으로 확실히 모르는 내용은 기본서를 찾아보며 관련 내용을 적기도 했다. 그런데 애석하게도 이렇게 복습하고 새로운 문제를 푸는데 틀린 문제를 또 틀린 경우가 꽤 많았다. 조금만 꼬아서 내거나 아니면 새로운 지문이나 보기가 등장하면 틀리는 식이었다. 실제 시험에서 내가 한번 풀어봤던 문제를 틀렸다면 너무 억울할 것 같다는 생각을 했다.

그래서 다시 등장한 것은 '오답노트'였다. 하지만 과오를 또 범하고 싶지 않았기에 방법을 달리했다. 이번에는 바인더 노트를 이용해서 목차 순서대로 핵심 내용을 정리했다. 그리하여 이 노트를 '핵심노트'라 이름 붙였다.

'바인더 노트'를 활용해본 적이 있는가? 바인더 노트란 종이 왼쪽에 구멍이 뚫려 있어 노트 속지를 자유롭게 넣기도 하고 빼기도 하며 순서를 조정할 수 있는 노트다. 기존 일반 연습장이나 공책을 썼을 때는 내가 틀린 부분을 다시 보고 싶어도 어디에 써 놓았는지 찾는 데 시간이 걸렸고, 내용도 뒤죽박죽되어 정리된 느낌을 가지기 어려웠다. 그래서 바인더 노트 속지에 정리하기 시작했다. 목차를 참고하여 정리한 종이를 목차와 같은 순서대로 끼워두었다. 내가 틀린 내용의 핵심을 적고, 자꾸 틀리는 부분, 함정에 빠지기 쉬운 부분은 색깔 펜이나 형광펜을 이용하여 강조했다. 옆에는 띠지를 붙여서 다시 내용을 보고 싶을 때 빨리 찾을 수 있도록 했다.

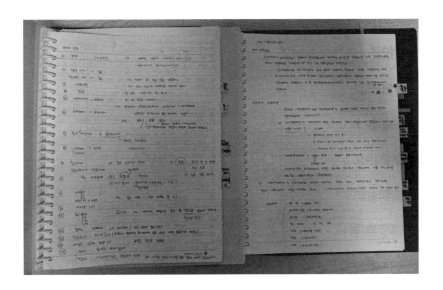

여기서 중요하게 넘겨짚고 가야 할 것은 내가 왜 이 문제를 틀렸나를 상기시킬 수 있게 기억해두어야 할 포인트를 적어둔다는 것이다. 나만의 언어로 풀어서 적는다면 더 효과적이다.

가령 용언의 활용에 관한 문제를 틀렸다면, 해당 문장을 적어본다.

'좋은 꿈(㉠)을 잘 꿈(㉡).' 이렇게 예시 문장을 적어보고, 앞의 꿈(㉠)과 뒤의 꿈(㉡)을 분석하여 적어둔다.

㉠의 'ㅁ'은 어근에 붙어 명사를 만들고, ㉡의 'ㅁ'은 어간에 붙어 동사의 활용형을 만드는데 '어떤/어떻게로 구별할 수 있다.'라고 판별 방법을 써둔다. '어떤 꿈'으로 해석되면 명사이고, '어떻게 꿈'으로 해석되면 용언의 활용형이기 때문이다. 마지막으로 '어미는 단어의 품사를 바꾸지 않는다.'라는 중요 포인트까지 쓰고 별표를 해두었다. 만약 어미가 아니라면 품사를 바꿀 수 있기 때문이다.

또 다른 예시를 보자. 단어의 쓰임에 관한 문제를 틀렸다면, 옳은 단어를 적어두고 틀린 단어는 엑스표(×) 쳐서 틀린 단어를 계속 추가해서 적어갔다. 문맥을 통해서 단어를 확인하고, 주로 어떤 식으로 오답으로 출제되는지 묶어서 기억하면 좋다.

▶ 추스르다(고/지/어)

→ 어머니는 며칠째 몸도 못 추스르고(추스리고×) 누워만 계신다.

▶ 호응—비유하다: ~을 ~에 / ~을 ~으로

→ 예로부터 우리 민족은 용감무쌍한 사람을 호랑이에(와×) 비유하곤 했다.

이렇게 정리할 단어는 한둘이 아닐 것이다. 제목을 단어의 쓰임이라고 적고, 문제 풀 때마다 틀린 것, 헷갈리는 것들을 적으면서 정리하고 후에 복습하며 눈에 많이 익히도록 했다.

다른 과목에도 적용 가능하다. 예를 들자면 행정법 보기 중에는 날짜(30일, 60일, 90일 등)를 다르게 바꾸어서 내는 문제가 자주 등장하는데 해당 지문의 옳은 날짜가 90일이라면, 동그라미로 강조한 후, 30일(×), 60일(×)로 표시하고 〈날짜 주의해서 볼 것〉이라고 써두는 것이다. 비슷한 것으로 중앙행정심판위원회에 동그라미(○) 표시 후, 법제처장(×)로 쓰고, 신청에 동그라미(○), 직권(×) 표시를 한다. 또한 비교해야 할 지문을 밑에 적어두어 묶어서 공부하도록 한다.

즉, 시험에서 헷갈리도록 내는 함정을 같이 써두고, 이게 아님을 강조해서 공부하면 매력적인 오답을 정확히 구별해낼 수 있다. 이렇게 만든 노트는 한번 적고 방치하지 않고, 공부할 때 짬이 나거나 다른 장소를 이동할 때 등 자주 들여다보도록 한다.

결국 문제집, 단권화한 교재(기본서나 요약서), 그리고 나만의 핵심노트 이 3가지는 항상 짝을 지어 함께하도록 한다. 모의고사라도 본 날에는 채점한 후 해설서를 보고 핵심노트에 관련 내용이 있는지 우선 확인한다.

어떤 문제는 핵심노트에 정리를 해놓았는데 조금씩 변형한 것 때문에 틀리는 경우도 있었다. 그럼 해당 부분을 더 첨가하여 내용을 써둔다. 자리가 부족하면 새 속지를 끼우면 그만이다.

또한 핵심노트에 없는 내용이라면 그 부분을 새로 쓰도록 한다. 처음에는 1~2장으로 시작한 바인더 노트가 시험이 다가올수록 한 권의 요약집이 되었고, 이 요약집이 나의 단점을 마지막으로 보완해줄 무기가 되었다.

시험장에서는 당연히 기본서를 들고 가지 않았고, 과목별로 만든 나만의 핵심노트를 가지고 갔다. 시험 시작 전에도 빠르게 훑어보아 별표를 친 부분 위주로 눈에 담아두었고, 빨간색으로 표시한 단어를 주의 깊게 보았다. 내가 수없이 봐왔던 노트라 짧은 시간 안에 집중해서 압축된 내용을 넣기에 효과적이었다.

핵심노트라고 거창한 것이 아니다. 알록달록 예쁘게 꾸밀 필요는 더더욱 없다. 기본 내용을 정리하고 거기에 더 주의해서 보아야 할 내용만 구분 지어놓으면 된다. 나의 부족한 부분을 채울 수만 있고 약점을 보완할 수 있다면 투자 대비 성과가 좋은 하나의 수단이 될 것이다.

5

EBS 수능특강 200% 활용하기

생각을 잘하는 것은 현명하고,
계획을 잘하는 것은 더 현명하며,
실행을 잘하는 것은 가장 현명하다.

- 로마 속담 -

나의 경우 수능강의(모의고사)를 통해 도움을 받았던 과목은 영어 그리고 사회였다. 사회 과목 역시 고3 학평(전국연합학력평가) 모의고사, 그리고 수능 기출문제를 풀어서 개념 정리를 하고 문제풀이 스킬을 확 높였다.

어차피 수능이나 공무원 두 시험 모두 같은 범위의 내용이기에 시험 삼아 풀어본 고3 모의고사 내용이 강사님이 만드는 동형 모의고사에 거의 유사하게 등장한다는 사실을 알게 되었고, 강사님들도 학평을 많이 참고하시는 걸 깨달았다. 그래서 더 신경 써서 풀어봤고, 많은 도움을 받았다. 하지만 사회는 2022년부터 선택과목에서 폐지되었으므로 논의할 필요는 없게 됐다.

수능 영어는 사회와 마찬가지로 공무원 영어 실력을 쌓는 데 아주 큰 도움이 되었다. 영어 역시 같은 맥락으로 수능특강의 독해 문제와 문제 유형이 아주 유사하므로 연습하기 좋다.

아래는 2023학년도 수능 연계 교재인 영어, 그리고 영어 독해연습 교재이다.

EBS 문제집의 경우 주제가 다양하고 문제가 상당히 정제되어 있다. 아무래도 대입 연계 교재로서 여러 인력들의 철저한 감수를 거쳤기 때문에 문제의 질이 높을 것이다. 문제집 가격이 저렴하다는 것도 장점 중에 하나이다. 필요하다면 EBS 홈페이지에서 여러 선생님의 강의도 수강할 수 있다.

구체적으로 독해 유형을 살펴보자면 주제(제목) 파악, 빈칸 추론, 주어진 문장의 적합한 위치 찾기, 문단 내 글의 순서 파악하기, 흐름이 무관한 문장 찾기, 내용 일치·불일치 파악하기 등이 공무원 영어에서 출제되는 문제 유형과 정확히 일치한다.

수험생마다 기출문제를 풀었을 때 자주 틀리는 문제 유형이 있을 것이다. 흐름이 무관한 문장 찾는 게 어렵다든지, 순서 파악하는 문제를 자주 틀린다든지 할 때 그 파트를 중점적으로 풀어보도록 한다.

『수능특강-영어 독해연습』은 틀리기 쉬운 유형을 모아두었는데 잠깐 소개하자면 다음과 같다.

– 빈칸 추론, 함축 의미 추론

- 어법, 무관한 문장, 글의 순서

- 어휘, 문장 삽입, 요약문 완성

수능에서만 출제되는 1지문 2문항(3문항)을 제외하고 나머지 모든 유형은 공무원 시험과 일치하는 것이다. 예를 들어 빈칸 추론하는 문제를 자꾸 틀린다면 이 책의 빈칸 및 함축 의미 추론 단원의 문제를 차례로 풀어보는 것이다. 개수를 세어보니 48개의 문제가 수록되어 있다. 그렇게 한 문제 유형만 집중적으로 공부했을 때 어떤 전략으로 문제를 풀어야 하는지 직관적으로 감이 온다. 그렇게 약점이 되는 유형을 보완하는 용도로 쓰기에 안성맞춤인 것이다.

수능 문제의 경우 지문의 길이가 공무원 기출문제보다 긴 문제들이 많다. 또한 4지 선다형이 아닌, 5지 선다형이기에 문제 풀이가 더 까다롭기도 하다. 그러므로 수능교재로 연습하고 다시 공무원 영어 모의고사를 풀었을 때 조금 수월하게 느껴질 것이다. 또한 단어의 경우 각 페이지마다 복습할 수 있게 되어 있으므로 기본적인 어휘 학습을 하기에 적절하다.

단, 수능 문제의 도움은 처음이나 중간 과정에서 받도록 하고, 시험이

다가올수록 공무원 시험 대비 동형 모의고사를 풀어 실제 시험과 유사한 최적화된 문제를 풀어 다시 감을 익히도록 해야 한다. 실전과 동일한 유형의 문제로 연습해야 시간 안배를 철저하게 할 수 있기 때문이다.

6

최고의 복습법 : 목차, 마인드맵, 키워드 복습법

경험은
실수를 대가로
더디게 교훈을 준다.

- 제임스 A. 프루드 -

복습에는 타이밍이 있다. 일정 시간 내에 다시 보지 않은 내용은 흔적도 없이 사라진다. 에빙하우스의 망각곡선을 본 적이 있는가? 습득한 지 얼마 안 된 지식을 다시 봤을 경우에는 기억할 확률이 높지만 이윽고 급격하게 낮아지는 곡선 말이다.

다양한 책과 영상에서 독일 학자 헤르만 에빙하우스의 곡선을 소개한다. 10분 후부터 망각이 시작되고 한 시간 후에는 약 50%, 하루가 지난 후에는 약 70% 망각된다고 한다. 이렇게 휘발성이 강한 기억은 지속적인 복습을 통해 단기기억을 장기기억화시키도록 해야 한다는 점을 시사한다. 그러므로 제때 복습을 한 후 나름의 구조화 과정을 통해 정리를 해주는 것이 필요하다.

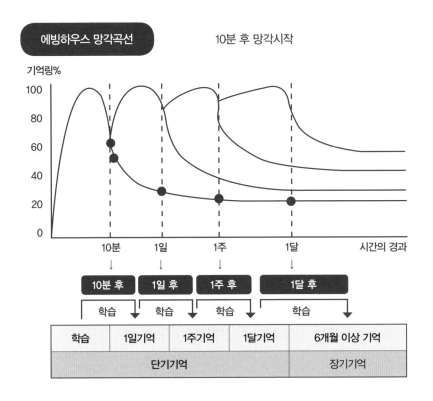

책 전반에 걸쳐 말하고 있듯이 기본서 전체 내용을 우리가 완벽하게 재현해낼 필요는 없다. 무에서 유를 창조하듯 토씨 하나 틀리지 않고 외

워야 하는 것도 아니다.

모든 내용에 에너지를 쏟아 철저한 암기를 하기보다는 눈으로 많이 읽혀두어 내용 숙지가 필요한 내용은 자주 보고 머릿속에 떠올려보는 식으로 복습하면 된다.

다만 기억을 강화하기 위해서라도 한 번 본 내용을 한참 뒤에 다시 보지 않고, 주기를 짧게 하여 금방 다시 보도록 의식적으로라도 시도해야 한다. 단 10분을 들여서라도 방금 공부한 부분, 오늘 공부한 부분, 어제 공부한 부분을 본다. 이런 식으로 다음 챕터를 넘어가기 전에 훑어 내리면서 복습하는 것이 가장 중요하다.

물론 이렇게 복습하는 것은 쉬운 일이 아니다. 많지 않은 시간 중에 해야 할 부분은 태산과 같고 오늘 할당량을 채우기 위해서는 부지런히 앞으로 나가야 한다고 생각할 수도 있다. 하지만 기껏 머릿속에 넣은 내용이 흔적 없이 사라질 때쯤에는 다시 본다고 하더라도 처음 공부하는 것처럼 새로움을 느낄 것이다. 그러므로 고통스럽지만 복습을 해서 친숙하게 만드는 편이 훨씬 낫다.

이런 식으로 복습을 했음에도 불구하고 틀린 문제를 또 틀리는 경우도 많다. 분명히 자주 본 것 같은데 막상 세부적인 내용을 놓쳐 틀리거나,

아니면 눈으로 볼 때는 아는 것 같아 넘겼지만 막상 철저하게 외우지 않으면 틀리는 것이다. 이럴 경우를 대비하여 최다 빈출되는 내용에 한해서는 머릿속에 사진 찍어놓듯 내용을 끄집어낼 수 있도록 저장해놓을 필요가 있다.

목차 복습법

우선 목차를 보자. 목차는 모든 책에서 어떤 내용을 담고 있고, 어떻게 구조적으로 풀어낼 것인가를 시각적으로 보여주는 안내서다. 이 목차를 통해 어떤 파트에 비중을 두고 공부해야 하는지 알 수 있으므로 강약 강약을 조절할 때 재차 확인해야 한다. 그러므로 오늘 공부한 내용을 마쳤을 때, 목차를 보고 어떤 내용이 있었고, 어떤 키워드를 공부했는지 떠올려본다.

학교 다닐 때 수업 시작하자마자 칠판에 지금까지 공부했던 부분의 목차를 쓰고 난 후 해당 내용을 수업하시는 선생님이 계셨다. 나중에는 목차가 너무 많아 하위 제목은 쓰지 않으시고 큰 제목만 적고 시작하셨다. 처음에는 왜 번거롭게 쓰시나 했었는데, 하도 반복해서 보다 보니 정말 전체적인 흐름이 눈에 조금씩 들어오기 시작했다.

비슷한 경험이 있는 독자들도 있을 것이다. 목차를 보며 강의 때 선생님이 중요하다고 하신 단원을 내가 얼마나 이해했고, 나의 언어로 표현할 수 있는지를 가늠하는 과정을 반복한다면 혼자서도 천천히 숲을 그려나갈 수 있을 것이다.

처음에는 기본 내용을 모르기 때문에 목차를 암기하려고 하거나 따라 쓰려 하면 시간만 잡아먹을 수 있다. 어느 정도 공부한 후 기본 내용을 인지한 상태에서 보면 눈에 더 들어오게 되어 효과적이다. 다음 날 공부 시작 전에 전날 공부한 부분을 목차를 통해 보고, 핵심 단어에 대한 내용을 최대한 끄집어낼 수 있는지를 확인해본다.

마인드맵 복습법

마인드맵이란 마음속에 지도를 그리듯이 생각과 정보들을 연결시켜 정리하는 것을 말한다. 한 단원 혹은 한 주제가 끝나고 제일 큰 단원명을 종이 가운데 써본다. 그리고 하나하나 소제목을 옆에 적은 후 제일 중요한 키워드, 핵심 내용을 자기만의 방식으로 적어 새롭게 구현해본다.

크리스티안 그뤼닝의 『시간이 없는 사람들을 위한 빠르고 단단한 공부법』에서는 마인드맵의 장점을 마인드맵으로 나타내어 소개한다.

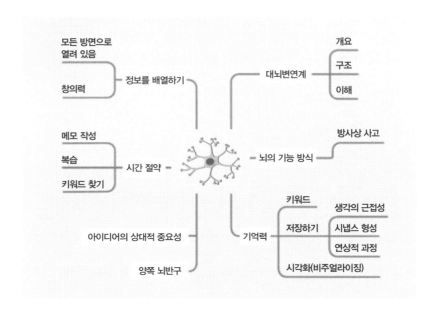

그림에 나타난 마인드맵의 몇 가지 주요한 장점이 있다. 첫째, 뇌의 대뇌변연계를 안심시킨다. 대뇌변연계는 체계적이지 않은 것, 전체 구조를 한번에 볼 수 있는 것에 대해서 불안을 느끼는데, 마인드맵은 이러한 불안을 덜어준다.

둘째, 기억력이 향상된다. 마인드맵은 핵심단어를 다루기 때문에 작업 내내 내용을 얼마나 효과적으로 압축하여 키워드를 적을 수 있는지 계속 생각하게 된다. 그 과정에서 뇌는 핵심 키워드를 연상하고 연결시키면서 더 잘 기억하게 된다.

마지막 셋째, 정보를 배열하는 데 효과적이다. 정보의 우선순위를 알 수 있고 사이사이에 다른 정보를 끼워넣고 재배열하기 좋다는 것이다. 주 가지에 있는지 하위 가지에 있는지를 보고 중요성을 파악하고, 새로운 정보가 있을 때 판단하여 보완하기에도 좋다.

실제로 기본서나 요약서 중에 마인드맵 형식으로 요약해놓은 곳도 있다. 하지만 자신이 직접 만들지 않은 요약은 많은 도움이 되지 않는다. 형식에 얽매이지 말고 책 내용을 토대로 내 방식대로 써본다. 핵심 내용을 간단히 적어보았다면 이 내용으로 어떤 문제가 출제될 수 있는지를 옆에 적어본다.

그리고 출제자의 입장에서 어떻게 문제를 낼지, 어떤 함정을 팔지 예상해서 적어본다. 항목 사이사이에 내용을 추가할 수 있다는 장점을 이용하는 것이다. 매번 책에 나온 것 위주로 보았다면 이 시간만큼은 내가 주도적으로 한 테마를 재탄생시켜본다. A4용지도 좋고, 자리가 모자란다면 B4 용지도 좋다.

다음 마인드맵은 국어 문법의 이해 중 음운론을 정리한 것이다. 음운론은 크게 마인드맵 두 장으로 표현이 가능하다. 바로 〈음운의 체계〉와

〈음운현상〉이다. 단원 제목, 소제목을 참고하여 큰 가지와 세부 가지를 나누어 적고, 예시나 표, 그림 등을 추가하도록 한다. 처음에는 핵심 키워드만을 눈에 익혀 구조화시킨 후 세부적인 설명을 추가하는 방식으로 진행하면 좋다. 다시 말하면, 공통적인 주제나 요소를 먼저 묶고 나서 내용의 상, 하위 요소를 파악하면 접근하기 쉽다.

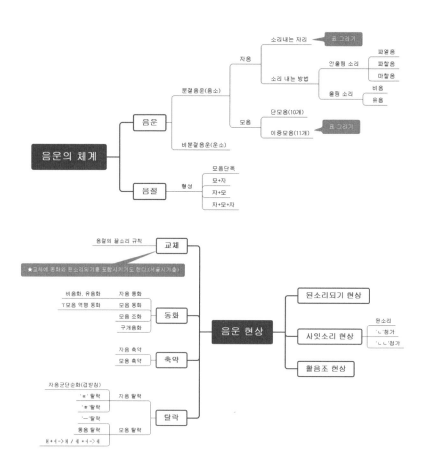

나의 경우에는 전지를 사다가 큼직큼직하게 써보기도 하고 도형이나 표 등을 활용하여 적기도 하면서 내 방식대로 풀어서 써보았다. 그리고 벽에 붙여 놓고 머리를 식힐 때 다시 한번 봤다. 이렇게 위에서 내려다본 다는 느낌으로 한 번씩 정리하고 넘어간다면 확실히 머릿속에 남는 내용 이 많아지게 된다.

그 밖에도 어떤 파트가 내가 부족한 부분인지 파악하는 용도로 활용 가능하다. 일정한 형식이 있는 것도, 누구에게 보여줘야 하는 것도 아니 므로 자유롭게 작성하며 약점 체크까지 한다면 효과는 배가 될 것이다.

키워드 복습법

세 번째 복습법은 키워드 복습법이다. 이 방법은 빈 종이에 키워드를 써놓고 외운 내용을 바탕으로 정리하는 방법이므로 초기 단계에서는 하 기 힘들다. 그런데 눈으로 그냥 훑어본다면 분명 내가 알고 있는 내용이 었는데 막상 실전 모의고사를 풀 땐 헷갈리고, 해당 내용이 생각나지 않 을 수 있다. 그런 사태를 방지하기 위한 복습법으로, 이렇게 외웠을 때 내용이 머릿속에 확실히 있어 문제를 보자마자 답이 바로 튀어나오게 한 다는 장점이 있다. 즉 이래저래 고민해서 문제를 풀지 않고 자신 있게 바로 답을 변별해낼 수 있게 되므로 시간을 줄이기에 아주 효과적이다. 나는 이 방법을 한국사에 적용시켜보았다.

▶ 빈 공책에 소제목(키워드)를 써놓고 책을 덮은 상태에서 내가 아는 만큼 관련 내용을 써본다. 분명히 눈으로 읽었을 때는 다 아는 내용이었는데 다시 쓰려면 신기하게도 생각이 나지 않는다.

▶ 최대한 써보려고 해도 더 이상 생각이 나지 않을 때 필기노트를 펴서 내가 놓친 부분을 빨간색 펜을 사용하여 고치거나 추가한다.

▶ 그리고 나서 다시 한번 책을 덮고 키워드만 써놓은 백지에 암기한 것을 쏟아내어 써본다. 그럼 전보다는 확실히 쓸 수 있는 게 많아진다.

처음에는 한 장 하기도 시간이 오래 걸리고 힘든데, 조금이지만 매일매일 하고, 끝까지 한 다음 다시 처음으로 돌아와서 범위를 조금 더 추가하는 식으로 하다 보니 처음보다 확실히 수월해진 게 피부로 느껴졌다. 글자 하나 토씨 하나까지 정확히 암기해서 써야 한다는 것은 아니다. 먼저 적어놓은 키워드를 통해 내용을 생각해내는 것이다. 키워드를 좀 더 구체적으로 써놓으면 쓸 때도 부담이 덜하다. 가령 중세 경제사, 그중에서 정책에 관한 문제를 계속 틀린다면, 해당 페이지의 굵직굵직한 키워드를 적어놓고, 안 보고 내용을 써보는 것이다. 재정운영에는 대상과 관청을, 조세 제도에는 조세, 공납, 역을 마지막으로 전시과의 의미, 특징, 종류, 변천사에 대해 자신이 알고 있는 것을 최대한 적는다.

아래 〈그림 1〉은 전한길 선생님의 〈합격생 필기노트〉를 기반으로 다시 정리해본 것이다.

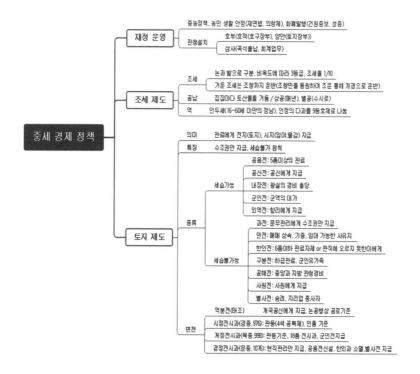

〈그림 1〉

〈그림 1〉의 내용을 여러 번 읽어보고 종이에도 써보기도 하며 연상하여 기억할 수 있는 과정을 거친다. 그리고 나서 〈그림 2〉처럼 백지에 키워드를 직접 쓰고, 책을 덮은 후 해당 내용을 안 보고 적어보도록 한다. 더 이상 생각이 나지 않을 때쯤 다시 노트나 책을 펴고 빨간색 펜 혹은 다른 색깔 펜으로 내용을 수정하거나 추가하면 된다. 처음에는 아무래도 보고 쓰는 내용이 많겠지만, 여러 번 반복하다 보면 점점 줄어들게 되고 결국 키워드 위주로 핵심 내용이 머릿속에 남아 있게 된다. 이렇게 했을 때의 장점은 보다 뚜렷하게 내용을 기억할 수 있고, 문제 풀 때도 구조화된 내용이 머릿속에 이미지화되어 좀 더 빠르고 수월하게 문제를 풀 수 있다는 점이다.

하지만 모든 과목, 모든 내용을 이렇게 하긴 현실적으로 힘들다. 아니, 그렇게 할 필요는 없다. 국어의 경우 지문을 토대로 풀어야 하는 문제들도 많고, 행정법은 판례를 통해 답을 찾아야 하는 등 이해, 추론을 바탕으로 답을 찾는 경우도 많기 때문이다. 그러나 앞서 강조했듯 일부 철저한 암기가 필요한 내용에 관해서는 인풋(데이터 투입) 만으로 만족하지 말고 아웃풋(데이터 출력)까지 해서 그물망을 촘촘히 해나가면 안정적인 점수 확보에 도움이 된다.

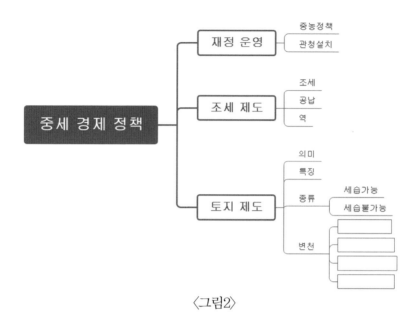

〈그림2〉

4장

합격까지 무사히
도착하는

멘탈 관리의 기술

1

쿠크다스 멘탈, 어떻게 다잡을 것인가?

어떤 것들은
믿어야
볼 수 있다.

- 랄프 호지슨 -

혹시 과자 쿠크다스를 좋아하는가? 이걸 먹을 때면 껍질을 조심스레 벗겨내어 부서지지 않게 꺼냈다. 그리고서 한입 앙 베어 물 때면 왠지 모를 쾌감이 있었다. 반면 봉지 안에서 와사삭 부수어진 걸 먹으면 신기하게도 같은 과자인데도 맛이 없게 느껴졌다. 많이들 알고 있겠지만, 이렇게 쉽게 부서지는 쿠크다스의 성질을 빗대서 우리의 멘탈, 즉 정신을 표현하기도 한다. 사소한 것에도 쉽게 흔들리며 자기 통제력을 잃거나 집중이 흐트러지는 상황에서 흔히 쓴다.

시험이 다가올수록 롤러코스터를 탄 듯이 감정 기복이 심해질 수 있다. 즉 '쿠크다스 멘탈 상태'를 경험하기 쉬워진다. 이제는 어느 정도 결과가 정해진 거 같은 느낌이 들어 체념한 듯 얼른 시험 봤으면 하다가도, 여지없이 틀리는 문제에 '아직 내 실력은 부족하구나.' 하며 불안감에 잠이 잘 오지 않을 수도 있다. 내가 얼마 동안 준비했던지와는 상관없이 100분 동안의 시험으로 당락은 결정되므로 긴장감은 점점 치솟게 된다.

그런데 이러한 현상은 너무나도 당연하고 자연스럽다. 나만 겪는 감정이 아니므로 너무 걱정할 필요도 없다. 이 시기에 해야 하는 것은 끊임없이 자기 자신을 격려하는 것이다.

"지금까지 잘 해왔어. 나는 내가 할 수 있는 범위 내에서 최선을 다했고, 이러한 노력은 보상받을 거야." 하며 토닥여준다.

이번 시험에서 꼭 합격해야 한다고 스스로에게 부담을 주지 말자. 공부를 시작할 때부터 내년, 내후년 공부를 염두에 놓는 것은 좋지 않지만, 시험을 앞두고 부담감을 낮추기 위해서라면 자신에게 조금은 너그러워질 필요도 있다. '이번 시험 못 본다고 내 인생이 끝나는 것은 아니야. 나는 도전을 했고, 실패는 성공을 하기 위한 하나의 과정일 뿐이야. 기회는 얼마든지 있어.'라고 생각하자.

"가끔 우주의 크기를 생각해보세요."

정호승 시인이 동아일보의 한 칼럼에서 하신 말씀이다. 그는 토성 사진을 가까운 곳에 붙여 두고 행성 중에서 지구가 얼마나 작은지를 유심히 본다고 했다. 그는 이렇게 되뇌인다고 한다.

"우주의 크기를 생각하면 지구는 얼마나 작고, 그 지구 속에 사는 나는 또 얼마나 작은가. 그러니 욕심내지 말고 주어진 여건 속에서 모든 걸 받아들이며 열심히 살자."

사는 게 너무 팍팍하거나 너무 긴장되는 일을 앞두고 있을 때는 당장 눈앞의 것에만 신경을 쓰기 때문에, 다른 것은 눈에 잘 들어오지 않는다. 낙담하게 될수록, 긴장될수록 이 문장을 떠올려본다면 약간 초연해지며 차분해지는 느낌이 들 것이다. 앞둔 시험의 크기가 너무나도 거대해 보일 때면 이런 식으로 생각하여 그 크기를 줄여보자.

한 가지 더 소개하자면 박웅현 작가님의 『여덟 단어』에는 문턱 증후군이라는 말이 등장한다. 문턱 증후군이란 그 문턱만 들어서면 인생이 달라진다는 믿음에서 시작되는 잘못된 증상이라고 한다.

"이 문턱 증후군 때문에 우리는 너무 인생을 전력 질주하려고 하죠. 어느 대학에 가고 어느 직업을 가지면 경주에서 앞선다고 생각해요. 그런데 그게 아니잖아요? 그런다고 해서 그 인생이 전부 행복하지는 않잖아요. 인생은 그렇게 쉬운 게임이 아니에요. 그러니까 일희일비하지 말았으면 좋겠어요."

우리의 인생엔 여러 사건과 에피소드가 얽히고설켜 있다. 이 시험을 잘 본다 해서 모든 게 완성되어 더 이상 이룰 게 없는 완벽한 삶이 되는 것도 아니다. 하나의 분야에 불과하며 그 안에서도 사람마다 그 방향과 속도는 다르다. 빠른 이들이 있는가 하면 시작조차 하지 못한 이들이 있을 수 있고, 직진해서 가는 사람이 있다면 여유를 가지고 돌아가는 이들도 존재한다. 모든 과정엔 장단점이 존재하고, 그 과정에서 얻는 경험과 교훈은 다르기에 어떤 하나가 제일 좋은 것이라 말할 수도 없다.

다시 시험 얘기로 돌아가자면 우리는 5개 과목에 관해 심도 있는 논문을 써야 하는 것도 아니고, 그 내용을 전부 마스터해야 하는 것도 아니다. 1과목에 출제되는 20문제를 다 맞출 필요도 없고, 응시자 중에 1등을 해야 하는 것도 아니다. 이렇게 조금 유연하게 생각해서 긴장감을 낮춰보자.

"이번 시험은 제가 문 닫고 들어갈게요."라는 말을 흔히들 한다. 나를 마지막으로 합격자가 결정된다는 말로 쉽게 말하면 꼴등으로 합격한다는 뜻이다. 1등과 꼴등의 점수 차는 꽤 나지만, 결국 같은 합격생이다. 어쨌든 커트라인만 넘으면 된다는 것을 명심하자.

마지막으로 『공부하는 뇌 : 기억력, 집중력, 학습 속도를 끌어올리는 공부머리 최적화 기술』에 등장하는 호흡법을 소개한다. 심호흡은 뇌로 가는 산소를 증가시켜주기 때문에 머리를 맑게 하고 집중력을 높여준다고 한다.

① 숨을 크게 들이마신다.

② 1,2초간 멈춘다.

③ 약 5초에 걸쳐 천천히 숨을 내뱉는다.

④ 긴장이 더 풀리도록 열 번쯤 반복한다.

막상 긴장될 때에는 호흡해야 하는 것조차 잊을 때가 많은데, 공부하는 중간중간 기억해두었다가 실천한다면 긴장 완화에 도움이 될 것이다.

2

선택과 집중! 지엽적인 문제는 과감하게 넘겨라

아무런 위험없이
승리하는 것은 영광없는 승리에
다름 아니다.

- 피에르 코르네유 -

시험이 다가오면 누구나 조바심이 난다. 모의고사를 풀면 항상 틀리는 문제는 존재하고, 모르는 내용이 아직도 보인다. 다 외우지 못한 찝찝함에 오히려 평상시처럼 공부하는 게 힘들어질 때도 있다. 심한 경우에는 '난 올해는 틀렸어…' 하며 지레 겁을 먹고 '이번 시험은 연습 삼아 보고 내년 시험을 목표로 하자.'라고 마음을 굳히는 경우도 있다. 이러면 마음은 좀 편해지겠지만, 내년에도 시험이 다가올수록 긴장되고 부족하게 느끼는 것은 마찬가지다.

'모든 것을 다 외웠으니 무엇을 물어보든 다 맞출 수 있겠다!' 하는 마음으로 시험장에 들어가는 수험생은 극소수일 것이다. 이럴 때일수록 '내가 공부한 내용에서는 실수하지 않았으면, 그리고 내가 잘 모르는 문제는 잘 찍어서 맞추었으면' 하는 마음을 가지는 것이 좋다.

게리 켈러의 『원씽(The One Thing)』은 집중의 중요성을 강조하는 책 중 하나인데, 선택과 집중이 필요한 시기에 잘 어울리는 구절이 있어서 소개한다.

우리에게 주어진 시간과 에너지는 한정되어 있다. 그것을 너무 넓게 펼치려 애쓰다 보면 노력은 종잇장처럼 얇아진다. 사람들은 일의 양에 따라 성과가 점점 더 쌓이기를 바라는데, 그렇게 하려면 '더하기'가 아닌 '빼기'가 필요하다. 더 큰 효과를 얻고 싶다면 일의 가짓수를 줄여야 한다.

이 말은 공부하는 전반적인 과정에서 염두에 두어야 하겠지만, 특히 시험이 다가와 시간적 여유가 없을수록 더 유념해야 한다. 한정된 시간과 에너지를 어디에 쓰느냐에 따라서 성과는 달라진다. 뚜렷한 성과를 바랄수록 이 시기에는 '더하기'가 아닌 '빼기' 전략을 사용해야 한다.

대개의 경우 공부를 처음 시작하고 빈출되는 내용 위주로 공부하다가도 점차 빈도가 낮게 출제되는 내용까지 범위를 확대해서 공부하게 된다. 그런데 시험을 한 달 남겨둔 상황일 때는 나올지 말지 불확실한 내용에 에너지, 시간을 소비하기보다 출제율이 높은데도 아직 빈틈이 있는 내용에 더 집중해야 한다.

특히 잘 알고 있고, 많이 봐왔다고 생각했는데 의외로 틀리는 경우가 많으므로 더 꼼꼼하게 보는 것이 좋다. 즉, 모르는 내용에 불안해하고 가짓수를 늘리기보다, 과목별로 빈출 내용을 정리하고 확인이 끝나면 지워내는 식으로 점검해나가야 하는 것이다.

가장 중요한 것은 지엽적인 문제 때문에 당락이 결정되지 않는다는 점을 인식하는 것이다. 가끔 과하다 싶을 정도로 까다로운 문제가 있다. 일부러 출제자가 수험생들이 틀리라고 내는 것인지 의심스럽고, 답을 찍어서 고르는 수험생이 많아져 변별력이 떨어질 수 있다. 이런 문제는 나도 틀리고 옆 사람도 틀린다. 즉 정답률 자체가 낮기 때문에 크게 신경 쓸 필요가 없다.

이런 문제 때문에 결과가 달라지기보다는 가만히 보면 기본적인 문제에서 틀리는 경우가 더 많다. 즉 정리가 제대로 되지 않았거나 실수를 해서 틀리는 문제의 수가 더 많은 것이다. 그러므로 모든 내용을 다 봐야한다는 강박관념부터 버리자. 그리고 시험일이 다가올수록 지엽적인 부분을 과감히 버리자. 처음에 접근했던 것처럼 중요한 것 위주로 공부하자.

이때 중요하면서도 기본적인 내용을 다시 점검할 수 있게 도와주는 것은 모의고사가 아닌, 기출문제다. 물론 모의고사를 풀어봄으로써 놓치고 있는 부분도 알 수 있겠지만, 어디까지나 기출문제의 기본적인 내용을 모두 소화했다는 가정하에 해야 할 것이다. 그렇지 않고서 푸는 모의고사는 득이 아닌 독이 된다.

공부 후반부에 갈수록 기출문제는 여러 군데에서 많이 보았을 것이다. 어떤 문제는 문제를 읽지 않아도 답부터 눈에 띄는 경우도 있다. 그럼에도 불구하고 해야 하는 것은 단원별로 분류되어 있는 기출문제가 아닌, 실제 출제되었던 형식의 연도별 기출문제다.

〈사이버국가고시센터〉나 각 학원별 사이트에서 최근 3개년, 5개년 문제를 다운로드해서 쭉 풀어보도록 한다. 여러 번, 그리고 열심히 기출문제를 풀었다고 자부하더라도 꼭 헷갈리는 보기, 헷갈리는 문제가 있다. 시험 전에 이 부분을 다시 볼 수 있음에 감사하며 보다 완벽하게 소화할 수 있게끔 기출문제를 다시 보도록 하자.

마지막일수록, 급하다는 생각이 들수록, 기본으로 돌아가야 한다.

시험 당일 막판 뒤집기, 이렇게 전략을 짜라

인생이 끝날까 두려워하지 마라.
당신의 인생이 시작조차 하지 않을 수
있음을 두려워하라.

- 그레이스 한센 -

시험 날, 단권화 노트로 막판 뒤집기

시험일을 위해 준비물을 챙기는 것은 어렵지 않다. 개인마다 다르겠지만 대략 신분증, 수험표, 컴퓨터용 사인펜을 포함한 필기도구, 아날로그시계, 휴지, 물, 간단한 간식거리, 핵심 내용이 적힌 노트 등일 것이다. 준비물을 챙기는 것은 간단하지만, 핵심 내용이 적힌 노트는 심혈을 기울여 준비해야 한다.

우선 마지막 날 보아야 할 내용은 시중에 나와 있는 요약서가 아니어야 한다. 즉 내 손으로 정리한 내용을 봐야 하는 것이다. 아무리 그 요약서가 최다 빈출 내용만 모아놓은 핵심 알짜배기 노다지 노트여도 내가 만든 게 아니라면 소용이 없다.

오히려 모르는 내용이 나올 경우 혼란만 가중시킨다. 시험 당일 새로운 내용을 보게 되면 당황스럽고 자신감만 떨어지게 된다. 그러므로 나에게 가장 최적화된, 내가 제일 익숙하다고 여기는 노트를 보도록 해야한다.

그렇다면 그 요약서는 하루 전날 만들어야 할까? 아니다. 앞서 소개한 핵심노트를 가지고 가면 된다.

이 노트는 시험 전날, 일주일 전날 만든다고 만들어지지 않는다. 기본 개념을 익히고 나서 문제 풀이를 시작함과 동시에 만들어 단권화하는 과정을 계속 진행한다.

그리고 한 달 전부터는 그 단권화된 노트 안에서 중요도에 따라 한 번더 급을 나눈다. 빨간색 두꺼운 색연필이나 사인펜으로 별표를 크게 다시 한다든지, 내가 자꾸 실수하는 부분이어서 마지막까지 방심하면 안

되는 내용들에 색깔 형광펜으로 표시해서 다른 내용과 구별시켜놓는다. 그럼 이렇게 완성된 나만의 핵심 내용을 시험 당일 빠른 시간 안에 눈으로 훑도록 한다.

공무원 시험에도 여지없이 막판 집중 전략이 통한다. '과연 그럴까?' 하며 의심을 하는 독자들도 있을 것이다. 내용이 얼마나 방대한데 시험 아침에 잠깐 본다고 도움이 될까? 차라리 심호흡 연습이나 하자며 책을 덮을 수도 있다.

하지만 나는 내가 치른 3번의 시험에서 바로 시험 날 아침에 본 내용들이 실제 문제 풀 때 실마리 역할을 했다. 한 번 더 봤기에 자칫하면 헷갈릴 수 있던 내용을 확신을 가지고 답을 고를 수 있게 해줬기 때문이다. 이로 인해 고민하는 시간이 줄어들고, 실수를 줄이며 결과적으로 문제를 푸는 데 좋은 영향을 미치게 한다.

엄연히 말하자면 시험 당일 실력은 이미 정해져 있을 것이다. 하지만 시험 당일 하는 실수로 많은 점수가 왔다 갔다 한다. 이런 실수를 안 해서 간당간당하게 붙는가 하면 반대로 한끗 차이로 떨어진다. 후자의 경우라면 너무나도 아찔하다. 그러므로 당일 아침까지 온 힘을 다해서 눈에, 그리고 머릿속에 담아두자.

시험 당일 문제풀이 스킬

시험 당일에 하는 실수의 유형은 다양하다. 문제를 끝까지 읽지 않고 답을 체크하거나 옳은(옳지 않은) 것을 묻는 문제에 반대로 체크한 경우가 제일 흔하다.

혹은 마킹 실수로 인해 답안지를 교체해야 하는 경우도 있을 것이다. 이는 충분히 있을 수 있는 일임을 미리 인식하고 동형 모의고사를 여러 차례 풀면서 시간을 알맞게 배분하는 것을 연습해야 한다.

우선 덤벙대어 틀리지 않기 위해 내가 했던 방식은 다음과 같다.

문제에서 묻고 있는 핵심 키워드에 표시(동그라미, 부정어엔 세모) 하고 문제를 풀기 시작한다. 그리고 보기가 맞는 문장이면 역시 동그라미, 틀린 문장이면 틀린 단어에 엑스 표시를 하고 그것을 올바른 단어로 고쳐놓았다.

이렇게 고치면서 풀면 너무 시간이 오래 걸릴 거 같지만 즉시 떠오르는 단어를 쓰는 것은 그리 긴 시간이 걸리지 않는다. 다만 잘 생각이 나지 않거나 헷갈리는 건 문제 번호 옆에 세모 표시를 해서 나중에 다시 볼 수 있도록 한다.

그리고 해당 과목을 1~20번 문제까지 한번 푼 다음 질문이 끝나는 위치에 1, 2, 3, 4 이런 식으로 답을 써놓는다. 그리고 다시 1번부터 돌아가 제대로 풀었는지 확인하는 과정을 꼭 거친다. 더블 체크하는 과정을 거쳐 실수가 없다는 것을 확인했다면 첫 번째 풀 때 표시했던 숫자에 동그라미를 겹쳐놓는다.

그럼 최종적으로 답 체크는 ①②③④ 이렇게 되는 것이다. 이를 OMR 카드에 마킹한다. 한 과목씩 확실하다고 생각하는 문제들의 마킹을 끝낸다. 아니면 세 과목을 풀고 마킹하고 나머지 두 과목을 나중에 마킹해도 좋다. 편한 방식으로 하면 된다.

다섯 과목을 모두 풀고 1차 마킹까지 끝냈다면, 세모 표시를 한 문제로 돌아간다. 헷갈렸던 부분을 다시 고민해보고 남겨둔 세모 표시의 문제도 차례로 마킹을 한다.

시험이 다가왔을 때 가능하다면 OMR 카드를 이용해 마킹하는 연습까지 실제 시험처럼 해보길 권한다. 또한 수정테이프 사용 가능 여부를 시험 전에 확인한다. 사용이 불가하다면 마킹을 처음부터 다시 해야 하므로 마킹하는 시간을 충분하게 안배해야 할 것이다.

4

운명의 날, 시험을 위한 이미지 트레이닝

꿈은 이루어진다.
이루어질 가능성이 없었다면 애초에 자연이
우리를 꿈꾸게 하지도 않았을 것이다.

- 존 업다이크 -

이미지 트레이닝이란 '자신이 원하는 이미지를 마음속에 불어넣어 내면의 세계를 변화시키는 과정'이라고 한다. 생생한 이미지를 떠올릴수록 효과가 커지는 이 연습법은 프레젠테이션을 준비하거나 스포츠 활동, 음악, 연기 등을 할 때 아주 많이 쓰인다.

머릿속으로 상상을 하여 훈련을 하는 것으로 다양한 실험을 통해서 그 효과가 입증되었다. 그러므로 시험 진행과정을 전체적으로 그려보고 시뮬레이션 해보도록 한다. 나의 경우도 시험을 앞두고서 집중이 잘 안 될 때, 잠을 청하려 했지만 잠이 안 올 때 주로 그려봤는데 확실히 시험 현장에서 도움을 받았다.

시험 당일에 맞닥뜨리게 되는 상황들을 질문 형식으로 예상해본다.

- 아침을 먹을 것인지? 먹는다면 어떤 걸로 먹을 것인가?

- 무슨 옷을 입을 것인가?

- 어떻게 시험장으로 갈 것인가?

- 시험장에 도착해서는 무슨 내용을 볼 것인가?

- 화장실은 언제 다녀올 것인가?

- 문제 풀 때 막히면 어떻게 할까?

- 과목별로 마킹할 것인가, 아니면 문제 먼저 풀고 마킹을 나중에 할 것인가?

대충 질문을 추려보았으면, 이를 토대로 시험 당일 시간 순서대로 머릿속으로 그려보는 것이다. 아래는 내가 실제로 했던 이미지트레이닝이다.

어제 잠을 자려 할 때 자꾸 뒤척거려 '이러다 밤새우면 어떡하지?' 하는 걱정이 있었지만 다행히 숙면을 취한 것 같다. 미리 준비해둔 빵과 과일을 챙겨 먹고 내가 평소 독서실 갈 때 자주 입었던 트레이닝복을 입고 운동화를 신었다. 시험장까지는 그리 멀지 않지만, 조금이라도 일찍 도착하고 싶어 택시를 탔다.

가는 도중에는 한국사 근현대사 파트를 배속을 조금 빨리해서 계속 들었다. 평소에 듣던 선생님의 목소리를 들으니 조금 긴장감이 줄어든 것 같다. 시험장에 도착해서 수험번호를 확인 후 교실로 올라갔다. 계단을 오르면서 화장실이 어디인지 눈으로 확인해두었다.

해당 교실에 도착해서는 내 자리를 찾았고, 책상과 의자가 흔들림이 없는지 확인했다. 미세하게 덜컹거리는 것 같아 종이를 접어 덧댔다. 시계는 벽에 걸려 있는데, 나중에는 앞으로 이동시키지 않을까 싶다. 만약 이동하지 않는다면 가져온 손목시계를 봐야겠다. 창가 쪽이라 약간 바람이 들어오는 것 같다. 담요를 가져오기 잘했다.

물 한 모금으로 목을 좀 축이고 한 달 전부터 계속 정리해온 나만의 핵심노트를 꺼냈다. 각 과목별로 가져오긴 했지만, 빠른 속도로 눈으로 훑으니 그리 오랜 시간이 걸리진 않았다. 두꺼운 색연필로 표시해둔 부분을 한 번 더 보았다.

(잠시 후) 감독관님이 오셔서 칠판에 응시인원을 적는다. 생각보다 많이 안 왔구나. 맞아, 접수만 하고서 안 보는 사람들이 꽤 있다고 들었어. 핸드폰은 이미 제출했고, 화장실에 한 번 다녀오면 좋을 것 같은데…. 마침 감독관님이 10분 남았으니 다녀올 사람은 다녀오라 하시네. 얼른 갔다 와야겠다. 이제 보던 자료들도 모두 치우고 신분증으로 본인확인까지 마쳤다. 문제지와 OMR 카드를 받고 뒤집어놓은 상태이다. 가슴이 쿵쾅쿵쾅하지만 천장을 한번 보고 심호흡을 해본다.

내가 아는 문제에서 많이 나올 거야. 설사 모르더라도 잘 찍을 수 있어!! 종이 울리면 나는 초집중한 상태라 약간의 잡음이 있더라도 신경 쓰이지 않아. 평소처럼 한국사를 제일 먼저 풀어야지. 지문이 그렇게 길지 않으면 13분 안쪽으로 풀 수 있을 거야. 한국사, 국어, 영어 순으로 풀고 마킹을 한 다음, 나머지 행정법, 행정학을 풀어야겠다.

(풀다가) 이 문제는 잘 모르겠다. 일단 지문을 보니 두 개 보기는 확실히 아닌데 나머지 두 개가 헷갈리네…. 세모로 표시한 후 20번까지 풀고 다시 돌아와서 보자.

시험 종료 시간이 10분 남았다. 확실하게 생각하는 문제들은 1차 마킹을 끝냈고, 나머지 세모 문제를 다시 보자. 답을 고르지 못한 문제가 4개 있다. 아무래도 이 보기가 더 맞는 것 같아. 어렴풋이 핵심노트에서 본 것 같네. 그래 이걸로 고르자. 이 문제는 모르겠지만 강의에서 다루지 않은 내용이라 다른 수험생도 마찬가지일 거야. 일단 가능성이 제일 높은 보기로 골라보자.

(시험 종료 전) 마킹까지 모두 마치고 문제지, OMR 카드를 뒤집어놓는다. 곧 시험시간의 끝을 알리는 종이 울린다. 휴… 드디어 끝났다. 내 전신을 휘감고 있는 긴장감이 훅 풀렸다. 그래 시험 보느라 수고했어. 결과가 어떻든 최선을 다했잖아. 집에 가자.

위의 내용은 내가 상상한 것을 대략 복원한 것으로 이는 독자들마다 다를 수 있다. 자신이 원하는 대로 상상을 하면 된다. 모든 과정을 생동감 넘치게 이미지화한 후 시험 전에 반복적으로 상상한다.

우리의 뇌는 구체적으로 생생하게 상상할수록 실제처럼 받아들인다고 한다. 모르는 문제가 나오는 것도 예상해 봄으로써 당황하지 않고 침착하게 대처할 수 있을 것이다. 그리하여 덤덤하게 아는 것을 모두 쏟아내고 나올 수 있게 된다.

나는 지금도 운이 좋게 합격했다고 말한다. 찍은 문제가 맞았다기보다는 예상한 문제에서 많이 나왔다. 그리고 이 글을 읽은 독자 여러분들도 운이 좋으실 거다. 어떻게 알 수 있을까? 기출문제가 알려주고 있다. 장담하건대, 기출문제를 벗어나는 내용은 틀려도 좋다. 합격에 전혀 영향을 주지 않을 문제이기 때문이다. 머지않아 시험장에 가실 분들이라면 이 말을 꼭 전하고 싶다. 여러분이 이미 아는 문제가 나올 것이고, 담담하게 답을 체크할 수 있을 것이다. 생각지도 않게, 덜컥 어느새 합격의 기쁨을 맛볼 수 있을 것이다.

5장

두근두근
면접에 당당해지는
5가지 전략

1

면접, 큰 그림을 그리는 자가 승리한다

위대한 성취를 하려면
행동하는 것뿐만 아니라,
꿈꾸는 것도 반드시 필요하다.

- 아나톨 프랑스 -

벌써 필기 합격을 하고 이번 챕터를 읽고 면접을 준비할 독자분들이 머릿속에 그려진다. 필기 합격만으로도 너무나도 큰 산을 넘겼으므로 고생하셨다고, 거의 다 왔다고 말씀드리고 싶다. 하지만 필기를 합격한 기쁨을 누리는 것도 잠시 수험생들은 일정에 맞추어 면접을 준비하기 시작한다.

면접에서 탈락하는 상황도 주위에서 심심치 않게 볼 수 있다. 면접 응시인원이 1배수가 아닌, 대략 1.3~1.5배수이므로 최종 합격자 선발 시

면접 탈락자가 필연적으로 존재하게 되는 것이다.

과거에는 면접의 변별력이 크지 않고, 기본적인 것만 갖추면 통과하는 요식행위에 불과한 절차를 밟았다고 한다면 지금은 점차 절차나 심사 기준 또한 까다롭게 강화된 추세이다. 그렇기 때문에 최종 합격까지는 긴장감을 늦추지 않고, 주어진 기간 안에서 할 수 있는 것은 최대로 해봐야겠다고 생각하는 것이 좋다.

공무원 면접은 다른 사기업이나 공기업 입사 면접과는 또 다른 특수성을 지니므로, 공무원 맞춤 강의, 맞춤 교재를 선택하여야 한다. 입직 시 공직사회에 소속되므로 그에 맞는 다양한 특성, 자질, 가치 등을 암기해야 하며 직렬에 따라 더 구체적인 상황별 질문 또한 출제된다. 그러므로 이런 내용과 함께 기출문제를 잘 정리해놓은 강의와 교재를 선택하도록 한다.

면접에서 최종 합격자를 결정하는 방법은 다음과 같다.

우수	필기시험 성적과 상관없이 합격
보통	최종 선발예정인원에 달할 때까지 필기시험 성적순으로 합격
미흡	필기시험 성적과 상관없이 불합격

필기시험 성적이 합격선에 비해 월등히 높다면 면접날 돌발 상황만 만들지 않는다면 무난하게 합격한다고 볼 수 있고, 필기시험 성적이 커트라인 쪽이라면, 면접으로 판을 뒤집는다 생각하고 우수를 받을 각오로 임해야 한다.

대개의 경우 면접이 평이했다면 응시자 대부분이 면접에서 중간 이상 실력을 발휘했을 것이고 우수나 미흡을 받는 경우보다 보통을 받는 비율이 현저하게 높아 결국 필기 성적 고득점자가 최종 합격에 유리하다.

평소에 읽고 쓰는 표현하지 않는 공부를 주로 해왔기 때문에 말로 자신의 생각을 표현하는 것이 상당히 어색하고 부끄러울 수 있다. 또한 약 한 달간의 시간 동안 준비해야 할 범위가 넓어 난감해질 수도 있다.

하지만, 면접 역시 전략적으로 접근해야 한다. 면접에서도 기출문제 위주로 접근해야 하는 것은 동일하다.

이미 출제된 적이 있는 문제를 가지고 연습하되, 나의 상황에 맞게 보완해서 답안을 구성해야 한다. 머릿속에서는 여러 내용이 한 번에 떠오른다면 순차적으로 면접관님들께 효과적으로 전달하기 위해 말로 표현해내는 연습을 함께 해야 한다.

면접관님들을 친근하게 생각하기

면접을 보고 평가하시는 면접관님들은 실제로 사무를 보고 있는 분들이시다. 면접 문제를 출제하신 출제 위원님들도 마찬가지이다. 입직하게 될 시 상사나 선임이 될 수도 있는 분들로 지금까지 많은 신규 공무원들을 만나보셨을 것이다.

그분들이 '과연 신규들에게 어떤 역량을 바랄까?' 하는 생각을 했었다. 물론 실무적인 분들에 대한 지식도 중요하지만, 합격하고 일을 배우면서 파악할 수 있는 부분이라 생각했다.

그보다는 지금 면접을 충실하게 준비했고, 해당 직렬에 대한 깊은 관심이 있으며 일에 대한 열정이 있는 모습을 보여주는 게 가장 중요할 것이라는 결론에 이르게 되었다.

출제 위원님들도 새내기들에게 거창한 정책이나 제도, 아이디어를 묻고 해결 방안을 얻으려고 하지 않을 것이다. 지금 현재 단계에서 할 수 있는 고민을 해봤는지, 무엇을 찾아보려 했고, 그 의견에는 얼마나 진정성이 묻어나는지를 보여주는 것이 더 좋다고 생각한다.

나의 경우 여기까지 생각이 미치니 처음보다 마음이 한결 편해졌다.

같이 일하게 될 분들이고, 그분들도 신규 시기를 거쳤으며 현실적으로 가능한 부분을 물을 것이므로 내가 답할 수 있는 데까지 하도록 하자고 결심했다. 면접에 임하는 마인드는 이렇게 세팅하는 것을 추천한다.

면접 준비 과정을 녹음, 촬영해서 보기

나는 다른 사람들 앞에서 내 의견을 말하는 것이 너무 어색하고 심장이 요동칠 정도로 떨렸다. 긴장한 것이 굳은 표정과 떨리는 목소리로 다 드러났던 것이다.

또한 예상치 못한 추가 질문을 받았을 때 당황한 기색이 역력했다. 이런 나의 모습이 어떤가를 객관적으로 보기 위해서 나의 답변을 녹음해 보았다. 나중에는 스터디원에게 영상을 부탁하기도 했었다.

다시 들어보니 아니나 다를까 애초에 머릿속으로 생각했던 것과 다르게 횡설수설하는 부분도 있었고, 빠트리고 미처 답하지 못한 내용도 있었다. 말하는 연습하는 것이 익숙하지 않기에 당연한 결과라고 나의 현 상황을 인정한 채 스스로에게 피드백을 해주기 시작했다.

말끝을 흐리고 분명하게 답하지 않는 버릇이나, 긴장했을 때 목소리가 작아지는 부분 등 말하고 있을 때는 몰랐던 부분들이 그제야 눈에 보이기 시작했다. 당황해서 잘 답변하지 못한 부분들은 심호흡하고 다시 연습해보았다.

이렇게 나의 모습을 관찰하고 개선할 점을 찾아 그 부분에 신경 써서 답변했더니, 연습하는 횟수를 늘릴수록 임기응변하는 방식이나 상황을 대처할 수 있는 재치가 조금씩 생겼다.

면접 준비의 꽃, 면접 스터디

필기시험을 준비할 때는 스터디의 경우 필수는 아니다. 하지만, 면접을 준비할 때는 혼자 하는 것보다는 조를 구성하여 스터디원과 함께하는 것이 훨씬 효율적이다.

혼자 말하는 것과 타인 앞에서 말하는 것은 긴장감부터 다르기에 실전처럼 연습할 수 있으며, 상대방이 나의 말을 잘 이해하고 있는지, 나의 생각이 잘 전달되고 있는지 역시 중요한 부분이므로 이런 부분도 신경 쓸 수 있다.

다른 사람의 발표를 통해서 배울 점이 있다면 벤치마킹하여 따라 해보고, 남 앞에서 말하는 훈련을 거듭하여 자신감도 함께 길러야 한다. 또한 혼자 연습했을 때보다 모였을 때, 창의적이고 인상 깊은 답변이 나올 확률이 크다. 서로 좋은 점은 칭찬해주고, 보완할 점도 알려주며 적극적으로 피드백을 줄 때 어느새 성장한 자신을 발견할 수 있을 것이다.

그렇다면 다음 장에서 시험별로 준비하는 방법에 대해 구체적으로 살펴보자.

2

국가직, 지방직, 서울시 유형별로 준비하라

만일 내게 나무를 베기 위해
한 시간만 주어진다면, 우선 나는
도끼를 가는데 45분을 쓸 것이다.

- 에이브러햄 링컨 -

우선 시험에 따라서 그 면접 유형이나 절차, 시간 등이 모두 다르므로 합격한 시험에 맞추어 준비해야 한다. 지방직의 경우에도 지방자치단체별로 면접을 다르게 시행하고 있으니, 가장 먼저 해야 할 것은 준비하는 면접이 어떤 식으로 진행되는지, 기출문제는 어떤 게 있는지 등을 꼼꼼히 살피는 것이다.

3가지 면접을 모두 준비해보니 국가직, 서울시 면접이 준비할 때 상대적으로 더 어렵게 느껴졌고, 지방직 면접이 그나마 압박감이 낮았다. 아무래도 개별 면접 과제에 더하여 5분 발표가 있기 때문에 그런 것 같았다.

지방직 면접(일행, 교행)의 경우에는 지자체마다 상이하지만 국가직, 서울시와 다르게 5분 발표가 없고, 총 면접 시간도 짧아 더 수월하게 느껴질 수 있다.

공통적인 것은 공무원으로서 헌법 가치, 올바른 공직 사상, 국가관, 공직관, 윤리관 등과 관련한 기본 지식을 알고 있어야 한다는 점이다.

즉 책에 있는 내용을 단편적으로 기억할 게 아니라, 이것을 상황에 맞게 풀어서 다시 말할 수 있도록 나의 언어로 바꾸는 연습이 필요하다. 또한 5가지 평정요소를 묻는다는 것을 인지하고, 평정요소에 유의하여 답변을 연습하도록 한다.

〈평정요소〉

1. 공무원으로서의 정신자세

2. 전문지식과 그 응용능력

3. 의사 표현의 정확성과 논리성

4. 예의, 품행 및 성실성

5. 창의력, 의지력 및 발전 가능성

국가직 면접

　국가직 5분 발표의 경우에는 주어진 문제를 읽고 어떤 공직가치와 관련이 있는가와 함께 경험에 근거한 해결 사례를 묻는다. 그렇기 때문에 가장 중요한 것은 공직가치에 대해 탄탄하게 정리하고, 자연스럽게 상황과 가치를 이을 수 있는 연습을 하는 것이다.

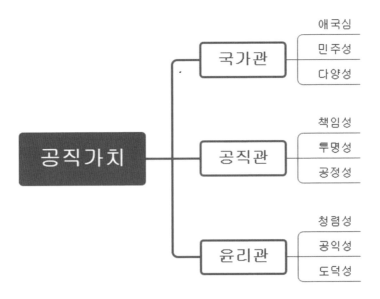

위의 공직가치에 대한 내용을 바탕으로 다음과 같은 순서로 접근하면 좋다.

1. 공직가치는 어떻게 분류되고, 각각 무엇을 의미하는지 우선적으로 파악한다.

2. 공직가치 중에 어느 것이 제일 중요하다고 생각하는지, 그 이유는 무엇인지 생각해본다.

3. 그 가치를 실무와 어떻게 연관시키면 좋을지 생각해본다.

평소에 그 의미를 정확하게 알고, 사례에서 바로 도출하기 위해서는 뉴스나 신문기사를 보며 어떤 가치와 관련되는지를 연결시키는 훈련을 하도록 한다.

시사적 이슈를 국가직 면접에 활용한 사례는 다음 챕터에서 보다 자세히 다뤘다.

발표 과제가 주어지고 자료를 분석하고 생각을 정리할 수 있는 약 10분의 시간이 주어지는데, 이때 어떤 내용을 무슨 순서로 말할지 대략 구성해놓는다.

그러고 나서 면접실로 장소를 이동한 후 면접관들 앞에서 자신의 경험과 관련지어 발표한다. 발표가 끝나면 연계 질문을 받는다. 개별 발표에서는 응시자의 역량을 검증하기 위해 경험, 상황형 질문을 주로 한다. 공통적으로 준비해야 할 질문 이외에도 직렬 별로 준비해야 할 내용이 다르다. 우선 지원한 직렬에 따라 그 부서가 어떤 일을 하는지, 무슨 정책을 추진하고 있는지 탐색하는 과정이 필요하다.

※ 면접 복장: 대부분 수험생들이 검은색 정장에 검은 구두 차림이었다. 머리는 최대한 단정하게 묶었으며, 긴장 속에서도 환한 미소를 유지하여 밝은 첫인상을 주려고 노력했다.

다음 페이지의 사진에서 손에 들고 있는 종이는 5분 발표를 구상한 종이이다. 자유롭게 구상한 종이에는 최대한 키워드만 적어 말하기 편하게 써두었다. 올라가는 중에도 어떻게 말을 시작할지 계속 고민했었다.

면접실로 이동하고 있는 모습, 양재 AT센터

서울시 면접

    서울시는 지방직과 다르게 인성검사를 추가로 실시한다. 인성검사는 암기가 필요했던 내용은 아니어서 부담 없이 치르고 나왔던 기억이 난다. 서울시 공무원도 지방직 공무원의 일부이기는 하나 면접에 특색이 있어 다른 지방직과는 차이가 있기에 따로 떼어 소개하려 한다.

    면접의 경우에는 제출한 자기소개서를 바탕으로 개별면접을 시행하는데 이때 인성 질문, 압박질문, 시사질문 등을 통해 지원자를 분석, 평가한다. 그리고 국가직과 마찬가지로 5분 발표를 시행하는데 한 가지 이슈에 관하여 자신의 생각을 논리적으로 풀어서 말하도록 한다. 그러고 나서 발표 끝나면 후속 질문이 이어진다. 경험형 질문은 응시자의 답변 이후 면접관들의 질문이 이어지기 때문에 편안하게 물어보지만 마치 지어내는 것인지 아닌지 확인하는 것처럼 느껴질 수 있다. 상황형 질문은 응시자가 양자택일의 상황에서 선택해야 하는 문제를 제시한 뒤 의견을 묻는다.

    서울특별시는 모두가 알고 있듯이, 대한민국의 수도이자 최대 도시이다. 그만큼 다른 지방직과 구별되어 시행하고 있는 정책도 많고, 우선적으로 시행된 후 효율적인 정책 순으로 다른 지역에 순차적으로 시행된다. 그만큼 정책을 선도하고, 시범적으로 운영하기에 수험생 입장에서 조금 더 준비해야 할 내용도 많고, 이로 인해 까다롭게 느껴지는 부분도 있다. 그렇기 때문에 다른 지자체에 비해 구별되는 특성이나 내용들을 좀 더 철저하게 숙지할 필요가 있다.

우선 현재 시행하고 있는 제도의 의미, 문제점, 해결 방안 이렇게 3가지 뚜렷한 틀을 많이 물어보곤 한다. 실제 예시문이나 문제 상황을 주고 도출해내야 할 수도 있다.

1. 현재 시행되고 있는 관련 제도가 무엇인가?

최대한 알고 있는 범위 내에서 설명해보도록 한다. 자신의 전공 혹은 경험과 연계하여 알고 있으면 더 좋다.

2. 그 제도의 문제점은 무엇인가?

현실적으로 수험생 입장에서 촌철살인의 문제점을 제기하기는 힘들 것이다. 그럼에도 불구하고 제도를 이용하면서 불편했던 점, 개선했으면 하는 아쉬운 점이 있었다면 경험을 토대로 말하면 좋다. 혹은 많이 시행되고 있음에도 시민들이 잘 모르고 있다는 점을 지적할 수도 있다.

3. 문제점을 해결하기 위해서는 어떤 해결 방안이 있는가?

나름대로 자신이 생각한 방안을 말해본다. 해결 방안에 현실성이 있고 없고보다는 그 문제에 대해 얼마나 관심을 가지고 깊은 고민을 했느냐가 중요할 것이다.

홍보하기 위한 방안으로는 제도가 많음에도 외부적으로 널리 알려지지 않는 이유를 스스로 생각해보고, 어떤 식으로 홍보할 것인지에 대한 의견을 제시한다. 자신의 경험과 관련지어서 풀어낼 수 있다면 더 좋다. 경험이 없다면 주로 만나는 대상이 누구인지 각 연령층별로 다르게 대안을 제시해도 좋고, 미디어를 동원하여 홍보하는 등의 아이디어도 좋다.

서울시 내에서도 자치구마다 제도들이 다를 수 있고, 그 가짓수도 많다. 주어진 시간 내에서 정리하되 3가지 큰 틀을 염두에 둔다면 좀 더 쉽다.

한 가지 아이디어는 비단 그 정책에서만 쓰일 수 있는 게 아니라, 다른 정책에도 접목시킬 수 있기 때문이다. 미리 알고 대비한다면 실제 상황에 더 유연하게 쓸 수 있다.

현재 시행하고 있는 많은 정책 중 어떤 것은 효용성이 있고, 어떤 것은 없을 수도 있다. 답변하는 내용이 면접관님도 이미 아는 내용일 수 있지만 그 정책에 대해 얼마나 관심을 지니고 있는지, 얼마나 애정을 가지고 있는지가 답변에서 묻어나는 것이 제일 중요한 점이라 생각한다. 그 해결 방안이 설사 기존에 이미 나와 있는 것이라도, 기대효과가 미비한 것이라도 말이다.

지방직 면접

지방직의 경우 지자체마다 다르겠지만, 내가 경험한 면접을 바탕으로 말하자면 공직가치와 관련된 문제, 실무와 관련된 지식을 묻는 문제, 그리고 상황별 대처 방식을 묻는 문제가 출제되었다. 역시 추가 질문이 있을 수 있다.

다음은 내가 경험한 지방 교육행정 면접이다. 이를 예로 들어 설명하고자 한다.

면접을 위해 산 검은색 투피스를 입고, 머리를 한껏 단정하게 한 뒤, 면접장소에 도착하였다. 다들 중얼중얼하며 마지막까지 연습한 내용을 점검하고 있는 모습이었다. 자리에는 번호가 있었고, 그 번호에 맞춰 차례대로 앉았다.

이윽고 면접 순서를 정하는 시간이 돌아왔다. 한 명씩 차례로 나와 공을 뽑았고, 나는 운이 좋은 건지 나쁜 건지 1번을 뽑았다. 잠깐 당황했지만, 먼저 맞는 매가 낫다고 일찍 끝내고 시험장을 빠져나올 생각을 하니 이것도 나쁘지 않다 생각했다.

감독관님의 안내에 따라 해당 장소로 올라갔다. 교실에는 면접관님이 두 분 계셨는데, 모두 편안한 표정이셨다. 물어보신 질문은 총 3문제였다. 면접이 끝난 뒤 동기들과 후기를 공유해보니 대략 아래와 같은 질문이었다.

〈공직가치, 법률 관련 질문〉

– 공직가치 중 가장 중요하다고 생각하는 것 3가지는? 그 이유는 무엇인가?

– 부정청탁 및 금품 등 수수의 금지에 관한 법률(김영란법)에 대해 아는가?

- 학교 운동장에서 공사를 진행하고 있는데 흙을 쌓아둔 곳에서 흙이 조금씩 쓸려 내려오는 상황이다. 만약 당신이 행정실 주무관이라면 어떻게 대처할 것인가?

- 학교 강당에서 불이 났다. 당신이 행정실 주무관이라면 어떻게 대처할 것인가?

〈실무 관련 질문〉

- 본예산과 추경예산(추가경정예산)의 차이점은?

- 학교 발전을 위해 제안할 점이 있는가?

두 문제에 대해서는 그나마 자신 있게 말했지만, 본예산과 추가경정예산의 차이점에 대해서는 당황했는지 정확하게 말하지 못했다. 나의 답변이 부족한 듯싶어, "제가 알고 있는 것을 추가로 말해도 되겠습니까?"라고 말했다. 감독관님께서는 흔쾌히 그렇게 하라고 하셨고, 나는 내가 달달 외운 예산편성 과정을 쭉 읊었다. 지금 생각하면 참으로 아찔했던 순간이었다.

예산편성 과정을 다 말한 뒤에는 "본예산과 추경예산의 차이에 대해서는 돌아가서 다시 찾아보도록 하겠습니다."라고 말한 것 같다. 주어진 문제에 대해서는 답이 부족했지만, 다른 것을 열심히 설명하는 모습을 보시고 나름 만족하셨던지 감독관님들 고개를 끄덕이셨다.

그렇게 시험장을 나왔고 며칠 뒤 결과는 최종 합격이었다.

이 면접으로 느낀 점은 준비한 내용을 침착하게 말하되, 비록 잘 모르는 내용이 나와도 최대한 열심히 준비했음을 어필하고 최선을 다해서 답변하려는 의지를 보여주면 된다는 것이었다.

즉, 질문에 대한 답을 명확하게 말하는 것도 중요하지만, 열심히 하겠다는 의지, 최선을 다해서 답변하려는 태도 또한 중요하다고 생각한다. 하고자 하는 의지, 열정은 첫인상과 함께 면접에서 제일 중요시하는 부분이다. 최대한으로 그런 모습을 보여주도록 하자.

지방직 시험도 공통적으로 준비해야 하는 사항은 같다. 사전조사서를 써야 한다면, 그 안에서 앞서 언급했던 5가지 평정요소(공무원으로서의 정신자세, 전문지식과 그 응용능력, 의사 표현의 정확성과 논리성, 예의, 품행 및 성실성, 창의력, 의지력 및 발전 가능성)를 염두에 두고 답변을 준비하도록 해야 한다.

　나의 경우 교육행정 직렬을 준비했기에 학교의 실무에 대해 더 중점적으로 준비했었다. 일반행정 직렬별이라면 지자체의 현안이나 실무와 관련된 예상 질문들을 확보하고 정리해야 할 것이다.

3

만능 치트키가 될 인생 에피소드를 미리 정리하라

최고가 되기 위해
가진 모든 것을 활용하세요. 이것이 바로
현재 제가 사는 방식이랍니다.

- 오프라 윈프리 -

면접 책을 들여다보면 무수히 많은 질문을 볼 수 있다. 답변을 준비하다 보면 자연스럽게 자신의 인생 전체를 뒤돌아보게 된다. 그런데 질문을 듣고 즉각적으로 내 경험을 떠올려서 논리적으로 말하는 게 생각보다 쉽지 않다. 생각해내는데도 시간이 걸리고, 이것을 질문에 맞게 정리해서 말하는 요령도 필요하기 때문이다. 그렇기 때문에 나의 주요 인생 사건을 정리하는 시간이 필요하다.

몇몇 기억에 남는 에피소드를 추리고 재구성하여 머뭇거리거나 지나치게 생각하는 시간이 길어지는 것을 방지한다. 또한 이 에피소드는 하나의 질문에만 적용되는 것이 아니라, 다양한 질문에 대한 답변으로 쓸 수 있다. 실제로 개인의 경험을 묻는 문제가 출제되는데, 다음은 내가 국가직 면접에서 받았던 질문이다.

- 동료들끼리 협업하여 문제를 해결한 적이 있는가?
- 문제 수행 과정에서 나와 의견이 맞지 않은 동료가 있었는가? 있다면 어떻게 갈등을 해결했는가?

첫 번째 질문을 먼저 받아서 대답했더니 후속 질문으로 두 번째 질문이 이어졌다. 다행히 내가 정리한 에피소드에 맞출 수 있는 질문이었기에 당황하지 않고 답을 이어서 할 수 있었다. 에피소드를 짧게 소개하면 다음과 같다.

나는 대학생 때 'Net's Go!' 캠페인에 참여한 적이 있다. 'Net's Go!' 란 UN 재단이 주체한 것으로, 살충 처리된 모기장을 아프리카에 보내서 말라리아로 인한 질병과 사망을 줄이는 캠페인이었다. '모기장만 보내면 말라리아를 줄이는 게 가능해?'라고 의구심을 품었지만, 아프리카의 상황은 생각보다 열악했고 이 캠페인을 통해서 그들이 처한 현실을 알리는 게 목표였다.

그 활동 중에 청계천, 시청 앞 광장에서 모기장으로 퍼포먼스를 했던 경험이 기억났다. 모기장 앞에서 모기가 되어 보는 퍼포먼스를 하는데, 아무래도 사람이 밀집되는 곳에서 하려니 하지 않으려고 하는 조원이 있었다. 그래서 종이를 가면처럼 만들어 얼굴을 가릴 수 있도록 하는 제안을 했고, 결국 성공적으로 퍼포먼스를 마칠 수 있었다.

이러한 경험은 미리 생각해두었던 것이고, 마침 질문이 협동력, 갈등 해결 능력을 묻는 것이라 그에 끼워 맞춰 답했을 뿐이다.

즉, 다른 질문을 하더라도 같은 경험을 변형하여 대답이 가능하다.

- 봉사활동을 해본 적이 있는가?
- 조직을 꾸려 무언가를 성공시킨 경험이 있는가? (리더십을 발휘한 적이 있는가?)
- 포기하지 않고 문제를 끝까지 해결하려고 시도한 적이 있는가?
- 다른 사람 앞에 나서서 어떤 메시지를 전한 적이 있는가?

앞의 내용으로 물어보더라도 조금씩 내용을 추가하거나 바꾸어서 답변을 하면 된다. 이렇게 사건을 몇 가지 미리 구상해놓으면 좀 더 답변을 풍성하게 할 수 있을 것이다. 이는 마치 수학 문제 풀 때 공식을 외우면 숫자가 달라져도 문제를 풀 수 있듯, 하나의 에피소드로 많은 덕목이나 자질을 보여줄 수 있도록 하는 것이다.

그렇게 하기 위해서는 일단 내가 살아온 길을 찬찬히 더듬어보며 시기별로 기억에 남는 일, 어딘가에 참여했던 경험 등을 쭉 적어보고 쓰임새가 많을 것 같은 사건이나 경험 위주로 고르면 된다.

나의 경우에는 대학생 때, 졸업 후 도서관 다니며 공부했던 시절, 그리고 일했던 시절 이렇게 크게 3가지로 시기를 나눠보았다. 그중에서 가장 사람들과 많이 어울렸던 대학생 때 경험했던 일, 잠깐이지만 사회생활을 하며 다른 사람들과 교류했던 일 위주로 에피소드를 생각해두었고, 관련 덕목과 연결 짓는 시간을 가졌다.

4

반드시 내가 일하게 될 곳에 가보라

운명은 우연이 아닌, 선택이다.
기다리는 것이 아니라,
성취하는 것이다.

- 윌리엄 제닝스 브라이언 -

깔끔한 세미 정장에 목에는 공무원증을 걸고, 동료들과 커피를 마시며 흥미진진한 이야기를 하는 모습…. 공부하면서 내가 상상했던 모습이다. 물론, 입직하자마자 받은 공무원증은 내가 생각한 것과 다소 거리가 있었지만(목에 걸 필요도 없었다.), 그래도 미생 같은 드라마에서처럼 일에 치이지만, 자신의 분야에서 열심히 일할 수 있는 모습을 그려보았다.

언젠가 한 번은 공부하다 그런 생각이 들었다. 이 시험에 합격하면 도

대체 무슨 일을 하게 되는 걸까 하는 의문 말이다. 그리고 한 가지 더 궁금한 점이 있었다. 나보다 먼저 합격한 분들의 일상은 어떨까? 그분들이 일할 때 모습은 과연 어떨까? 공부가 잘 안될 때는 온갖 잡생각이 나지만 그래도 이날은 그나마 생산적인 딴생각을 했었던 것 같다.

민원인으로서의 방문

그러던 중 나에게도 기회가 왔다. 다름 아닌 '실업급여'를 타러 고용노동부에 갈 일이 생긴 것이었다. 고시원에서 공부하고 있을 때라 노량진 인근에 위치한 서울 서부지청에 갔었다. 물론 이때는 내가 국가직 고용노동부에 지원할 거라고는 생각하지 못하고 있을 시기였다. 이때 실업급여 관련 교육을 받기 위해 교육장에서 교육을 받았고, 대기표를 뽑은 후 직원분과 실업급여를 받기 위해서는 어떤 절차가 필요한지, 구직활동을 하기 위해 무슨 노력을 하고 있는지 등의 상담을 받았었다.

이날 현장의 분위기와 상담 내용으로 짐작할 수 있는 업무 등은 훗날 내가 고용노동부를 지원할 때 참고가 많이 되었다. 서울 서부지청 기관 자체가 되게 웅장했고, 층별로 부서가 되게 많으며 일사불란하게 움직이는 모습이 전형적인 내가 생각했던 직장의 모습이었다. 물론 그 업무가 쉽지 않아 보이기는 했으나, 나 또한 업무를 배운다면 최대한 열심히 해야겠다는 생각도 같이 했던 것 같다.

또한 학교 행정실에도 방문했었는데, 예전에 영어회화 전문강사로 일한 것에 대해 경력증명서를 발급받기 위해서였다. 그런데 막상 발급받고 집에 거의 다 와서 보니 내가 일한 경력과 다르게 적혀 있었다.

어쩔 수 없이 다시 갔는데 담당 주무관님이 번거롭게 해서 죄송하다고 연신 사과를 하셨다. 그런데 나는 오히려 그분이 안쓰럽게 느껴졌다. 내가 신규가 되어 그 자리에 있어도 비슷한 실수를 많이 하지 않을까 하는 생각이 들었기 때문이다.

여담이지만, 발령받고서 처음 일할 때 무수히 많은 실수를 했었고, 특히 민원 관련해서 실수했었을 땐 지난날의 그 주무관님이 잠깐 떠올랐다.

예비 합격생(면접 준비생)으로서의 방문

위와 같이 민원인으로서 볼일을 보고, 대략적으로 무슨 일을 하는지 살펴보고 분위기를 파악했다면, 하나 더 필요한 것은 면접 준비생으로서의 방문이다.

스터디원들과 면접 스터디를 할 때였다. 예상 질문 리스트를 뽑아 5분 스피치 발표를 하고 서로 후속 질문을 생각해서 묻고 답했다. 당시 스터디원은 같은 고용노동, 세무, 교정, 그리고 검찰직 필기 합격생들이었다. 공직가치 관련 질문, 경험 관련 질문들은 공통적이어서 스터디원끼리 직렬이 달라도 아무 문제가 없었다.

하지만, 직무 관련된 질문에 대한 답을 꾸리기가 가장 어려웠다. 설사 내가 답변을 잘하지 못하더라도 피드백을 기대하기도 어려운 상황이었고, 고용노동부 스터디원만 있는 것이 아니었기에 그 문제에 대해 심층적으로 고민할 수도 없었다.

또한 고용노동부의 정책 중 개선할 점, 실업문제에 관한 해결책, 국민 취업 제도에 관한 사항 등에 관한 내용을 정리하기 위해 홈페이지에 들어가 보니 수많은 내용이 있었지만, 이를 어떻게 내 생각을 담은 의견으로 수렴해 말할 것인지 정리하기가 쉽지 않았다. 이런 어려움이 있어 고민 끝에 고용노동부 지원자들로 구성된 스터디에 하나 더 참여했다. 직무 관련한 질문을 주력해서 준비하기 위해서다.

여느 날처럼 서로 질문하고 답변할 때였다. 우리는 이론적인 이야기만 하고, 정작 실체를 모르고 있다는 생각이 강하게 들었고, 한편으로는 머리도 식혔으면 하는 생각도 있었다. 이때 조원 중 한 명이 아이디어를 내서 고용노동부 서울 서부지청에 연락하게 되었다.

실제로 국가직 면접을 앞둔 수험생들인데, 현장 일이 어떤지 알고 싶고 조언을 좀 구하고자 한다고 전화를 했었는데, 다행히 긍정적으로 답변해주신 것이다. 약속한 날에 갔더니 청장님 이하 많은 직원분들을 만나 뵐 수 있었다. 고용노동부 소개와 함께 업무에 관한 이런저런 이야기를 많이 해주셨다. 중간중간 어떤 내용을 아는지 오히려 묻기도 하기도 하셔서 모의 면접 같은 느낌도 들었다.

이날 다녀오고 난 후 어렴풋이 상상만 하거나 인터넷에서 찾아본 것과는 또 다르게 고용노동부에서 하는 일이 조금 더 익숙하게 느껴졌고, 남은 면접일 동안 준비하는 데도 도움이 되어 더욱더 수월하게 준비할 수 있었다. 아직도 기억에 남는 값진 경험이었다.

얼핏 보면 그렇게까지 해야 하나라고 생각할 수도 있고, 무모해 보이기도 하지만 합격에 대한 절실함으로 무장한 사람들끼리 모여 뭐라도 해보자 하는 마음이 컸던 것 같다.

이때 느낀 경험과 정보는 후에 면접 상황에서도 써먹으려 했다. 그런 행동을 한 사실 자체만으로 면접관님들이 보기에 의지가 있고, 열정이 있다고 생각하실 거 같았기 때문이다. 힘들 것 같아도 의외로 면접 준비생임을 알린다면 도움의 손길을 건네줄 많은 분들이 있을 것이다. 용기를 내어 방문해보자.

5

발로 뛰는 면접 준비 꿀팁

늘 명심하라. 성공하겠다는
너 자신의 결심이 다른 어떤 것보다
중요하다는 것을.

- 에이브러햄 링컨 -

지자체에서 시행하고 있는 제도를 경험해보라

서울시 필기합격 후 지방교행직으로 마음을 굳혀 서울시 면접은 응시
하지 않았지만, 시험 직전까지도 일과 병행하며 면접 준비를 했었다. 앞
서 언급했다시피 서울시 면접은 지방직 면접과 비교해 더 까다롭게 느껴
졌다. 서울시 면접을 보게 된다면 그 해에 응시하는 3번째 면접이 될 터
라 처음보다는 긴장감이 조금 낮아진 것은 사실이었다. 그럼에도 불구하

고 평일에는 야근하며 주말에 쉬지 않고 면접을 준비했던 것은 지방 교육행정 공무원의 업무가 너무나도 고단하고, 버거웠기 때문이었다.

지금 와서 생각해보면 사회 경험이 많지 않아 그런 것이었을 수도 있는데, 숫자와 별로 친숙하지 않았던 내가 온종일 숫자와 씨름하고 학교 돈을 다루고 하다 보니 중압감, 부담감이 컸다. 출근길이 두려웠고, 이 길은 내 길이 아닌가 싶었다. 그렇다고 쉽게 그만 둘 수 있는 상황도 아니었다. 그래서 나는 필사적으로 서울시 면접을 준비했었다. 내가 이곳을 탈출할 수 있는 유일한 도피처라고 생각했기 때문이었다.

그래서 나는 면접 때 강력한 한 방이 있길 원했다. 즉, '보통'이 아닌 '우수'를 받아야겠다고 결심했다. 그래서 서울시가 운영하고 있는 제도를 경험하고, 그 과정을 통해 느낀 점을 정리한 후 꼭 답변 때 넣어서 활용할 계획이었다.

서울 시티투어버스는 광화문, 명동, 남산, 동대문 등 서울 주요 명소 총 15코스를 경유한다. 버스는 매시간 운행되고 티켓을 끊으면 어느 정류장에서든 탈 수 있다. 혼자 하기에는 심심했으므로 온라인상으로 스터디원 한 분을 구해서 같이 다녔다. 그분도 면접에 총력을 기울이며, 할 수 있는 다양한 시도를 해보는 중이었다.

처음에는 시시할 것이라 생각했는데 의외로 서울에 안 가본 명소들이 많아서 신선했다. 면접을 준비하지 않았더라면 이런 제도가 있는지조차 몰랐을 텐데 관심을 기울이게 됐던 계기였다.

버스로 다음 장소로 이동하는 내내 이 경험을 어떻게 면접 때 활용할 수 있을지를 계속 고민했었다. 버스에서는 휴대폰 충전이 가능했었고, 이어폰을 소지하고 있다면 각 관광지에 대한 설명을 들을 수 있었다. 각국의 언어로 들을 수도 있기에 서울을 찾은 외국인 관광객들을 위해서도 아주 유용하게 보였다. 하지만, 내가 처음에 앉은 좌석에서는 이어폰이 고장 난 상태였고, 다른 안내문 같은 건 보이지 않았었다. 외국인 관광객도 많이 이용한다고 하는데 조금 더 세세한 관리가 필요하겠다 싶은 생각이 든 순간이었다.

그 밖에도 버스를 갈아탈 때, 시간이 빠듯했었고 심지어는 정각에 도착했지만 버스는 이미 떠나고 난 후였다. 물론 미리 도착하지 못한 나의 잘못도 컸지만, 배차시간 간격이 있는 것을 고려하여 조금 정차한 후에 출발해도 되지 않을까 하고 조심스럽게 생각해보기도 했다.

이런 식으로 좋은 점은 어떤 점이 만족스러웠고, 아쉬운 점은 뭐가 있으며 그것을 해결할 수 있는 방안에는 뭐가 있을까 고민하는 시간을 가졌다.

꼭 서울 시티투어버스가 아니어도 좋다. 책을 보고 답변을 구상하는 것도 좋지만 이렇게 직접 제도를 이용하고 관찰한 경험이 있다면 많은 아이디어가 떠오른다. 살을 붙여서 얘기할 수도 있고, 이는 면접장에서 기가 막히게 튀어나올 수 있는 비장의 무기가 될 수도 있다.

시사적 이슈를 적재적소에 활용하라

나는 면접에서 시사적 이슈를 관심 있게 본 덕택을 톡톡히 보았다. 처음에는 방대한 뉴스 기사까지 챙겨봐야 하나 하고 막막했지만 말이다. 그러나 아무래도 뉴스에서 반복적으로 다루거나 이슈화되고 있는 쟁점들은 면접에 등장해도 이상할 것이 없었다.

오히려 시사성을 반영하고, 예비 공무원들에게도 현실과 맞물려 생각할 거리를 준다는 점에서 면접 문제로 적합할 것 같다는 생각을 했었다. 그래서 매일 조금씩이라도 뉴스를 챙겨 보았고, 그 자료를 정리하기 시작했다.

당시 국가직 면접 직무 관련 질문 중 하나가 본인이 가장 중요하게 여기는 공직가치를 이유와 함께 서술하는 것이었다.

내가 면접을 본 2016년에는 고위 관료가 망언을 한 사건이 있었다. 바로 교육부 정책기획관이 국민을 개, 돼지로 취급하고 신분제를 공고히 해야 한다고 주장한 것이었다. 그 일은 온 국민의 공분을 샀다. 이를 놓치지 않고, 공무원의 법령 준수의 의무, 품위유지의 의무 그리고 공직가치 중 책임성과 연관시켜 서술했고, 당시 두 분의 면접관님 모두 시사적 이슈와 연결 지은 점에 대해 끄덕이시며 깊은 공감을 해주셨다.

즉, "당신은 얼마 전에 있었던 고위 관료의 망언 사건에 대해 어떻게 생각하십니까?"라고 문제가 출제된 것이 아니다. 공직가치에 대해 포괄적으로 묻는 질문이었음에도 불구하고 5분 스피치를 하기 전 10분의 구상 시간 동안 그 이슈를 언급해야겠다는 생각을 했던 것이다. '아 이 내용을 도입 부분에 넣어서 주의를 끌고, 얼마나 사회적 이슈에 관심을 가지고 있는지를 어필하자. 그리고 자연스럽게 답변과 연관시켜 서술해서 나의 답변에 논리성을 더하자.'라는 마음이었던 것 같다. 이렇게 도입부를 시작해서 5분 스피치를 마쳤는데 면접관 두 분 모두 환하게 웃으셨다. 면접관님이 웃으신 걸로 미루어 보아 예감이 좋았다.

면접을 준비하며 틈틈이 시사에 관심을 갖자. 우연히 본 기사라도 얼마든지 활용 가능하다. 면접 준비 기간 자체가 짧으므로 주변에서 기사화된 내용 또한 말할 거리가 될 수 있음을 인지하고 사회의 여러 면에 관심을 갖자.

국가직에서는 이렇게 간접적으로 활용이 가능했다면, 지방직 시험에서 김영란법(부정청탁 및 금품 등 수수의 금지에 관한 법률)에 대한 내용을 숙지하고 있느냐를 묻는 직접적인 질문으로 출제되었다. 이는 그 당시 떠오르는 쟁점이었기에 많은 수험생들이 준비했을 거라 생각한다.

강의, 책과 더불어 위의 팁들을 참고한다면 짧은 시간 내에도 효율적으로 면접을 준비하는 데 도움이 될 것이다. 가장 중요한 것은 진부하게 들릴 수 있겠지만 자신감 그리고 환한 미소다. 환한 미소로 긍정적인 기운이 느껴지는 첫인상을 보여주고, 준비한 내용을 바탕으로 자신감 있게 얘기하면 좋겠다.

그리고 마지막으로 다시 한번 더 강조하지만 일에 대한 열정, 그리고 일하려는 의지가 가장 중요하다. 준비하는 내내 이것만 잊지 않는다면, 결과는 기대해도 좋다.

エピ

끝날 때까지 끝난 게 아니다

저는 이 말을 상당히 좋아합니다. 영화나 드라마를 볼 때도 마지막 역전 신화를 보며 짜릿함을 느끼기도 합니다. 우리의 인생은 어쩌면 뒤집고 뒤집히는 많은 역전 과정으로 이루어진 것 같습니다.

저는 고등학교 때 수능이 인생의 전부라고 생각했습니다. 그래서 수능 점수를 원하는 만큼 받지 못했을 때 심한 자괴감을 느꼈습니다. 여러 이유를 탓했지만 부질없는 짓이었습니다.

하지만, 조금 더 시간이 지난 후에야 알았습니다. 수능이 인생의 전부는 아니라는 것을요. 이후에 인생을 변화시킬 기회는 많고 아직 시작일 뿐이라는 것 말입니다.

혹시 운을 믿으시나요? 저는 운이 있다고 생각하는 사람입니다. 한식 조리사 자격증은 면접관님이 눈치채지 못하게 발휘한 재치 덕분에, 한자 능력 시험 자격증은 시험장 가는 버스 안에서 본 마지막 자료 덕분에, 운 전면허시험은 허허 웃으며 감독하셨던 인정 많은 아저씨 감독관님 덕분에 합격했습니다.

서울시 시험에서는 마지막 종이 울리기 바로 직전 헷갈리는 문제 하나의 답을 고쳐 OMR 카드 마킹을 처음부터 다시 했고, 극적으로 그 문제를 맞힌 덕분에 커트라인 점수를 받아 턱걸이로 합격했습니다.

저의 많은 경험에는 운이 등장했고, 살아가면서 웃으면서 얘기할 수 있는 저의 에피소드가 되었습니다. 동시에 여러 시험에 합격할 수 있었던 것도 결국 운이 좋았기 때문이었습니다. 그러나 준비 과정 없이는 운이 나에게 온다 해도 그 운을 역전의 기회로 살릴 순 없습니다.

한식조리사 자격증을 따기 위해 계란 한 판을 다 써가며 집에서 연습했던 시간들, 한자자격증을 따고 싶어 무수히 써봤던 한자들, 도로주행을 연거푸 떨어졌음에도 매주 연습하며 머릿속으로 도로를 상상했던 시간들, 이 문제가 나온다면? 하고 마지막까지 책을 놓지 않고 내용을 점검했던 시간들…. 이 모든 순간들이 모여서 운이 왔을 때 놓치지 않고 성과를 이루어냈다고 생각합니다.

독자분들도 공부하는 데 후회가 없도록 모든 걸 쏟아부으시길 바랍니다. 맘시생의 여건을 핸디캡으로 여기지 말고, 오히려 무수히 많은 동기가 있어 합격할 이유가 충분한 준비된 합격생이 되세요. 우리 아이 옆에서 함께 웃을 나의 모습으로, 그리고 밝은 미래의 모습으로 보상을 받을 것이라 믿으세요.

그리고 정말 영혼을 불태웠다고, 후회하지 않는다고 말하는 자신을 상상해 보세요. 한 번의 성공은 우리 뇌에 엄청난 경험이 되어 이후 인생을 살아가는 데에 있어서도 엄청나게 긍정적인 힘으로 작용할 것입니다. 저는 그 발판을 이번 시험 준비를 하는 것으로 삼으셨으면 합니다.

알고 지내는 한 엄마가 말하더군요. "다른 사람의 성장을 가까이에서 지켜보고 도와주는 것만큼 의미 있고 값진 보람도 없다."라고 말입니다. 처음에는 잘 와닿지 않았는데, 단 한명이라도 누군가의 성장을 돕는다면 그것만큼 의미 있는 일은 없을 것 같습니다.

책을 다 쓰고 나니 내가 하고 싶은 말이 이렇게나 많았나 하는 생각이 들 정도로 신기합니다. 제 삶의 한순간을 다시 기억하고, 되새길 수 있는 시간이 되어주어서 저에게는 아주 값지고 의미 있는 시간이었습니다.

이 책을 읽고 더 궁금한 점이 있으시거나 도움이 필요하신 분들은 연락주세요.

누구보다도 치열한 삶을 살고 계신 엄마들이 빛을 발할 수 있도록 끝까지 응원하겠습니다.

1. 맘시생 합격자와의 인터뷰 〈Q&A〉

Q1. 어떤 공부법이 가장 효과적이었나요?

A1. 저의 경우 포스트잇을 100% 활용했습니다. 아이를 어린이집에 맡기는 낮에는 도서관에서 밀도 있게 공부를 했지만, 집에 와서 아이와 함께 있을 때는 사실상 집중하기 어려웠습니다.

그래서 그날그날 외워야 하는 중요 내용, 핵심 표현, 영어 단어 등을 포스트잇에 적어 눈에 보이는 모든 곳에 붙여두고 보았습니다. 싱크대 위 선반, 화장실, 식탁, 화장대 전부 곳곳에 붙여놓고 보았습니다. 집과 도서관을 오가는 이동 시간 또한 놓치지 않고 활용했습니다. 이렇게 틈틈이 보는 방법이 의외로 많은 도움이 되었고, 시간을 단축할 수 있었습니다.

Q2. 평일, 주말 공부시간은 대략 어느 정도였나요?

A2. 평일에는 아이를 어린이집에 맡기고 난 9시부터 하원하는 시간까지(대략 5시) 도서관에서 공부하였습니다. 그리고 집에 와서 밀린 집안일과 함께 식사 준비를 했습니다.

아이가 자기 전까지는 따로 공부하기 어려워서 앞에서 언급한 대로 포스트잇에 의지하여 머릿속에서 공부한 내용을 계속 떠올리려고 노력했습니다. 아이가 잠이 들면 다시 일어나 그때부터 새벽 1~2시까지 더 공부를 하다 잤습니다.

그리고 주말에는 공부하지 않았습니다. 아이와 함께하는 시간도 중요하다고 생각했고, 무엇보다 평일에 집중해서 공부한 자신에게도 쉬는 시간을 주어야 한다고 생각했기 때문입니다. 그래서 주말에는 가족들과 함께 했고, 재충전하는 시간으로 생각했습니다.

Q3. 체력이 부족하다는 생각은 안 하셨나요?

A3. 물론 했습니다. 특히 평일에는 공부 끝나고 집안일을 해야 하는 상황이니 거기까지 끝내고 나면 거의 방전되는 수준이었습니다. 그렇다고

따로 운동할 엄두는 못 내서 중간중간 아이를 보며 스트레칭이라도 많이 하려고 노력했습니다.

그리고 아이를 재울 때 쪽잠을 자고 일어나 다시 공부하는 방법이 제일 효과적이었습니다. 처음에는 아이가 빨리 자야 공부를 마저 할 수 있으니 얼른 재우려고 시도했는데, 막상 아이가 자지 않으면 저도 모르게 아이에게 짜증을 내거나 화를 내더라고요.

이렇게는 안 되겠다 싶어 마음 편하게 제가 먼저 잠드는 방법을 택했습니다. 그렇게 잠깐이라도 쪽잠을 자고 나면 그나마 정신이 맑아져서 다시 공부할 수 있었어요. 그럼 새벽 1~2시까지 더 공부해서 그날 부족한 부분을 보충했습니다.

Q4. 슬럼프는 없으셨나요? 공부가 잘 안될 땐 어떤 마음으로 하셨나요?

A4. 일단 아기와 놀아주면서도 적극적으로 대하지 못하고, 오늘 배운 내용, 외워야 할 내용에 집중하다 보니 마치 영혼 없는 사람처럼 아이를 대하고 있었습니다. 이를 제 스스로가 눈치채고 아이한테 너무 미안했습니다.

그렇지만 아이와 놀아주지 못하는 것에 마음이 약해져 그 시간을 또 헛되이 보내게 된다면 일 년 더 공부해야 하는데 그건 또 정말이지 끔찍하게 싫었습니다. 그래서 마음이 아프더라도 독해지자고 결심했던 것 같아요. 합격한다면 원 없이 아이와 놀아야지 하는 상상을 무수히 많이 했고 그게 많은 동기부여가 됐습니다.

Q5. 나이가 많아서 설사 필기 합격을 한다 해도 면접 때 불이익이 있지 않을까 하고 걱정하는 수험생이 있는데 한마디 부탁합니다.

A5. 전혀 그렇지 않습니다. 나이가 많다고 불이익을 주지 않아요. 자신 있게 말할 수 있어요. 걱정하지 마세요. 나이가 중요한 것이 아니라 오히려 첫인상 그리고 적극적인 의지가 있느냐를 더 보는 것 같아요. 면접 때도 아이가 있다는 사실을 말했어요. 아이에게 더 멋진 엄마가 되고 싶어 지원했다고 말하니, 면접관님들도 고개를 끄덕이며 공감해주셨던 것 같아요.

그리고 막상 입직하고 나니 실장님 나이가 저보다 어린 경우도 있어 여러모로 불편할 거라 생각했습니다. 하지만 같이 지내며 서로 존중하는 마음으로 대하다 보니 나이로 인한 어려움은 따로 느끼지 못했습니다.

2. 여름부터 시작하는 월별 공부 진도 로드맵

	국어		영어	
	강의	포커스	강의	포커스
7월	선재국어 기본강의	기출문제 분석	조은정 공기밥 기본강의	기출문제 분석
8월				
9월				
10월	기출문제 해설 강의	단원별 기출문제 풀이	조은정 하프모의고사, 구문강의	필수어법 정리, 독해 매일매일, 기출정리
11월				
12월				
1월	김병태 테마특강, 선재국어 마무리 고혜원 동형 모의고사 풀이	모의고사 풀기 (고혜원), 핵심노트 작성	심우철 동형모의고사	모의고사 풀기 (조태정), 핵심노트 작성
2월				
3월				
4월 (국가직 시험)	기출문제 해설특강	동형모고, 핵심노트 정리 및 암기	기출문제 해설특강	동형모고, 핵심노트 정리 및 암기
5월	서울시 대비 SOS			
6월 (지방직 시험)				

– 사회 과목의 경우 2022년부터 폐지되어 제외시켰습니다. 이 로드맵은 당시 제가 했던 방식을 대략적으로 복원한 것입니다.

	한국사		행정법	
	강의	포커스	강의	포커스
7월	전한길 기본강의	기출문제 분석	써니행정법 기본강의	기출문제 분석
8월				
9월				
10월	전한길 필기노트 강의 (시험 전까지 반복수강)	단원별 기출문제 풀이	써니행정법 기본강의 다시듣기	다시 듣되, 1.5배속으로, 기출 정리
11월				
12월		필기노트 암기	전효진 압축회독	모의고사 풀기, 핵심노트 작성
1월				
2월		모의고사 풀기 (고종훈, 신영식), 핵심노트 작성	전효진 파이널 OX	
3월				
4월 (국가직 시험)	기출문제 해설특강	동형모고, 핵심노트 정리 및 암기	기출문제 해설특강	동형모고, 핵심노트 정리 및 암기
5월	서울시 대비 SOS		파이널 OX	
6월 (지방직 시험)				

– 현재 강의하시는 강사님과 다소 차이가 있을 수 있으니 참고용으로 보시길 바라며, 월별로 어떤 것에 주력했는지 위주로 보시면 좋을 듯 싶습니다.

3. 똑 부러지는 맘시생을 위한 일주일 공부 계획표

	월	화	수
9시	아침식사, 등원(등교) 준비, 하루 계획 적기, 영어단어, 고유어,		
10시	국어 : 인강 듣고 구조화, 기출문제 풀기	영어 : 구문(어법) 정리, 독해 문제 풀기	국어 : 인강 듣고 구조화, 기출문제 풀기
11시			
12시	점심식사, 합격수기 찾아 읽기, 낮잠		
13시	행정법 : 강의 듣기 기출문제 풀고 핵심노트 정리	행정학 : 강의 듣기 기출문제 풀고 핵심노트 정리	행정법 : 강의 듣기 기출문제 풀고 핵심노트 정리
14시			
15시			
16시	아이와의 시간, 여러 놀이활동 하며 동시에 포스트잇 암기,		
17시			
18시	저녁식사, 정리		
19시	목욕, 간단한 집안일, 놀이, 잠자리 독서		
20시			
21시			
22시	한국사 : 강의 듣기 단원별 기출문제 풀고 정리, 필기노트 암기	국어 : 인강듣고 필기한 내용 위주 복습, 키워드 복습법으로 암기	영어 : 기출문제 풀고 단어 정리, 해설 확인, 틀린 문제 기본서 확인 후 정리
23시			
24시			
25시	영어	한국사	행정학
26시			

– 이 계획표는 아이가 기관에 간다는 전제하에 엄마 공시생을 위해 짠 공부 계획표입니다. 예시이므로 참고하는 용도로 보시길 바랍니다. 계획대로 되는 날이 있는가 하면

목	금	토	일
한자(성어) 외우기, 하프 문제 풀기(초기)		주중에 못 한 부분 채우기	
영어 : 구문(어법) 정리, 독해 문제 풀기	국어 : 인강 듣고 구조화, 기출문제 풀기		
		점심식사	
행정학 : 강의 듣기 기출문제 풀고 핵심노트 정리	행정법 : 강의 듣기 기출문제 풀고 핵심노트 정리	아이와의 시간	
아이에게 공부한 내용 말하기			
		저녁식사	
		아이와의 시간	
한국사 : 강의 듣기 단원별 기출문제 풀고 정리, 필기노트 암기	영어 : 기출문제 풀고 단어 정리, 해설 확인, 틀린 문제 기본서 확인 후 정리	일주일 평가 빠진 부분 보강	
행정법	한국사		

그렇지 않은 날도 있겠지요. 그렇게 평범하지만 무수한 날들이 모여 찬란한 내일이 될 거라 생각합니다. 그날이 올 수 있도록 진심으로 여러분을 응원합니다.

참고문헌

- 『공부하기가 죽기보다 싫을 때 읽는 책』, 권혁진 저, 다연, 2019.

- 『공부하는 뇌 (기억력, 집중력, 학습 속도를 끌어올리는 공부머리 최적화 기술)』, 다니엘 G. 에이멘, 반니, 2020.

- 『나는 무조건 합격하는 공부만 한다』, 이윤규 저, 비즈니스북스, 2019.

- 『내 인생에 용기가 되어준 한마디』, 정호승 저, 비채, 2013.

- 『마인드셋』, 캐럴 드웩 저, 김준수 역, 스몰빅라이프, 2017.

- 『메타인지 학습법』, 리사 손 저, 21세기북스. 2019.

- 『믿는 만큼 자라는 아이들』, 박혜란 저, 나무를심는사람들, 2019.

- 『베이비 토크』, 샐리 워즈 저, 민병숙 역, 마고북스, 2003.

- 『시간이 없는 사람들을 위한 빠르고 단단한 공부법』, 크리스티안 그뤼닝 저, 플로우, 2018.

- 『시크릿』, 론다 번 저, 살림Biz, 2007.

- 『여덟 단어』, 박웅현 저, 북하우스, 2013.

- 『원씽(The One Thing)』, 게리 켈러, 비즈니스북스, 2013.

- 『유대인 영어 공부법 : 뇌가 저절로 기억하는 영어 공부의 왕도』, 가
토 나오시, 로그인, 2016.

- 『How to Study 공부책(하버드 학생들도 몰랐던 천재 교수의 단순한
공부 원리)』, 조지 스웨인 저, 유유, 2014.